Editora Appris Ltda.
1.ª Edição - Copyright© 2023 da autora
Direitos de Edição Reservados à Editora Appris Ltda.

Nenhuma parte desta obra poderá ser utilizada indevidamente, sem estar de acordo com a Lei nº 9.610/98. Se incorreções forem encontradas, serão de exclusiva responsabilidade de seus organizadores. Foi realizado o Depósito Legal na Fundação Biblioteca Nacional, de acordo com as Leis nos 10.994, de 14/12/2004, e 12.192, de 14/01/2010.

Catalogação na Fonte
Elaborado por: Josefina A. S. Guedes
Bibliotecária CRB 9/870

B624r
2023
	Bittencour, Mônica
	   Regue-se... cuide-se... floresça... / Mônica Bittencourt.
	   - 1. ed. - Curitiba : Appris, 2023.
	   286 p. ; 23 cm.
	
	   Inclui referências.
	   ISBN 978-65-250-4057-8
	
	   1. Autorrealização. 2. Teoria do autoconhecimento. 3. Amor. 4. Cuidado. I. Título.
	
	                                               CDD – 158.3

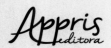

Editora e Livraria Appris Ltda.
Av. Manoel Ribas, 2265 – Mercês
Curitiba/PR – CEP: 80810-002
Tel. (41) 3156 - 4731
www.editoraappris.com.br

Printed in Brazil
Impresso no Brasil

FICHA TÉCNICA

EDITORIAL	Augusto Vidal de Andrade Coelho
	Sara C. de Andrade Coelho
COMITÊ EDITORIAL	Marli Caetano
	Andréa Barbosa Gouveia (UFPR)
	Jacques de Lima Ferreira (UP)
	Marilda Aparecida Behrens (PUCPR)
	Ana El Achkar (UNIVERSO/RJ)
	Conrado Moreira Mendes (PUC-MG)
	Eliete Correia dos Santos (UEPB)
	Fabiano Santos (UERJ/IESP)
	Francinete Fernandes de Sousa (UEPB)
	Francisco Carlos Duarte (PUCPR)
	Francisco de Assis (Fiam-Faam, SP, Brasil)
	Juliana Reichert Assunção Tonelli (UEL)
	Maria Aparecida Barbosa (USP)
	Maria Helena Zamora (PUC-Rio)
	Maria Margarida de Andrade (Umack)
	Roque Ismael da Costa Güllich (UFFS)
	Toni Reis (UFPR)
	Valdomiro de Oliveira (UFPR)
	Valério Brusamolin (IFPR)
SUPERVISOR DA PRODUÇÃO	Renata Cristina Lopes Miccelli
ASSESSORIA EDITORIAL	Débora Sauaf
REVISÃO	Camila Dias Manoel
	Stephanie Ferreira Lima
DIAGRAMAÇÃO	Yaidiris Torres
CAPA	Sheila Alves

PREFÁCIO

Confesso ter ficado um pouco intimidada ao ser convidada a escrever esta introdução. Conheço Mônica Bittencourt há muito tempo e achei que seria quase impossível explicar as muitas dimensões da autora em poucas linhas.

Por outro lado, o convite chegou junto com a oportunidade de conhecer o texto com antecedência. Minha amiga dava o pulo dos blogs para um livro e eu estava curiosa quanto ao conteúdo. O que teria ela tirado do seu baú de surpresas?

Sabia que surpresas viriam, pois Mônica me surpreende desde o dia em que nos encontramos, levando seus filhos para a mesma escola em que levava minhas filhas. Sua simpatia e sinceridade logo me conquistaram, mas como ela era mais jovem que eu, talvez eu olhasse sua energia e vivacidade de forma meio condescendente. Eu estava vendo a plantinha florescer e esquecendo que ela viraria uma árvore.

O tempo e a vida foram acontecendo, fomos nos conhecendo melhor e fui descobrindo que havia nela uma versatilidade imensa. Mesmo assim, como já disse, suas realizações me surpreenderam ao longo desse caminho.

Na esfera familiar, foi sempre uma ótima filha, mãe e avó precoce; expandiu seu mundo de estudante para o de advogada e depois ainda mais para o de atriz de teatro; alguns anos mais tarde se aventurou no mundo das letras, ainda que só no universo virtual, onde encontraria também o papel de influenciadora e incentivadora de leitura, poesia, prosa e música.

Aliás, palmas para você, Mônica! Num cenário em que a influência digital vive muito de hating, vanidades ou a reboque do hype do entretenimento, você escolheu influir nas pessoas para dar oportunidades de crescimento e melhora, assim como na sua vida você sempre preferiu focar seus esforços no carinho, na amizade e no amor e deixar que as pedras atiradas caiam no chão, sabendo que os machucados saram com o tempo.

E agora Mônica nos mostra sua nova filha: esta obra.

Para o leitor que está chegando agora ao livro e a o mundo de Mônica, eu digo duas coisas: seja bem-vindo e segure firme!

Você está prestes a entrar girando num caldeirão de ideias e sentimentos, que como a própria autora diz não têm compromisso com uma coerência absoluta, mas sim com o amor por si mesma e pelo próximo. No início você pode se achar num caleidoscópio, mas no final vai encontrar um espelho verdadeiro de uma alma. Como eu, sairá da experiência uma pessoa melhor que aquela que entrou.

  Recomendo a viagem, com felicidade e orgulho de minha amiga, a criadora.

Rejane Borges Fortes
Dezembro de 2022

A presença do outro nos indica o que somos.

Relações saudáveis são relações que nos devolvem a nós mesmos, e omelhor, devolvem-nos melhorados.

O amor, talvez, seja isso. Encontro de partes que se complementam, porque se respeitam. E, no ato de se respeitarem, ampliam o mundo um do outro.

Ninguém é tão completo que seja capaz de preencher totalmente as necessidades do outro.

Não me leve de mim. Leve-me até mim.

Quero apenas que você me reflita. Melhor do que julgo ser. Pra ser capaz de amar também. O que só você amou.

Só quem é dono de si pode oferecer-se aos outros sem tantos riscos de se perder no outro.

O amor não pode ser cego. Caso contrário, ele nos coloca no cativeiro, gera privações.

O amor só acontece quando deixamos de imaginar.

O que gostamos no outro é o que sobra do encontro que realizamos com ele.

Uma coisa é certa: nós sabemos quem somos, mas os outros nos imaginam.

Paixão é uma forma de visão turva. Vemos e, no fascínio do que vemos, imaginamos.

Amor só vale a pena se for para ampliar o que já temos. Amar é aceitar o desafio de ver o que a multidão não viu.

Mas eu sei que fiz as coisas do meu jeito
Não há o que consertar
Cada um tem sua história
Só quem viveu, é que podecontar
E o passado é diferente na memória
E o certo é o que virá
Abre a porta da alegria e deixa entrar!
Abre a porta da alegria e deixa entrar
Hoje, eu sei só quem tirou a fantasia
Aproveita o carnaval
Apaga o que havia
E comemora o que há de novo no quintal
O amor troca de rosto
Mas mudar não quer dizer que é o final
Se lembra: toda a nostalgia pode ser fatal
E descansa que a vida dá um jeito
Que for para ajeitar
E o que não foi possível, é possível que ainda esteja lá
De repente, em qualquer rua sem aviso
A gente vai se achar
Abre a porta da alegria e deixa entrar
Abre a porta da alegria e deixa entrar
E hoje eu sei que fiz as coisas do meu jeito
Não há o que consertar
Abre a porta da alegria e deixa entrar
Abre a porta da alegria e deixa entrar...

REGUE-SE... CUIDE-SE... FLORESÇA...

Não te acomodes nunca em mesas sem toalhas, copos, nem talheres, antesdestinados a servir convidados sempre ausentes. Ninguém aparecerá para oalmoço inexistente. Pois faltam amor e acolhimentos.

Não te esqueças de cerrar em seguida as cortinas do coração para os que desprezam a luz, as cirandas e as crianças. Os que chutam por tédio pequeninos animais órfãos, perdidos a esmo nas ruas. Refuta com veemência as trepadas mornas e maquínicas exigidas pelo marido ou namorado, cujas ardorosas amantes tu intuis, certamente.

O bom sexo demanda uivos gloriosos, saudáveis e selvagens desatinos. Assim, aguarda paciente pela entrega plena e desarmada. Ela virá sem avisosprévios e te surpreenderá com danças e valsas. Recusa de imediato o namoroinsípido, porque não há sal que dê jeito em afetos falidos.

Outro alerta: desanda a correr da inveja, do escárnio, do ódio fantasiado de gentilezas em oferta. Todas elas por R$9,99. Este pacote de desmazelos seacumula no enfado e no desamor de lojas vazias. A maldade ronda a vizinhança, se intromete em eclipses, passeia com os pés descalços em imensos desertos brancos.

Mas lá tu não irás, temos certeza, pois falta amor — teu coração já anunciou. Além disso, felizmente também contas com os afáveis sussurros da natureza, que entremeiam tuas histórias e caminhos, sempre rodeados de ideais e de esperanças.

A vida é feita de contrários, isso faz dela uma história fantástica, onde oimprevisível pode ocorrer a qualquer momento.

Os opostos, amor e ódio, tristeza e alegria, saúde e doença... se aglomeram nocotidiano, o que faz dela uma verdadeira aventura.

Ela é um sonho real, foi dada como presente para que as oportunidades fossem criadas e elaboradas.

Cada ser é uma centelha divina, com características próprias e singulares, comvalores, raças e etnias, convivendo dentro de uma sociedade onde o bem e o mal muitas vezes são camuflados, cada um em busca de seu espaço e dignidade.

Viver é se entregar de corpo e alma, é arriscar, fazer escolhas que vão te levara perder para ganhar, é lutar para conseguir realizar seus sonhos, materializaraquilo que se pensa e deseja.

Você não tem escolha, a vida está aí para ser vivida e celebrada com amor, com alegria.

O livre-arbítrio te foi dado como dádiva e te dá o poder de escolher que tipo devida você quer.

Através dele, você é responsável por suas ações, atitudes, condutas, que vão televar para o caminho plantado e os frutos vão ser colhidos nem mais, nem menos, mas o que certamente for de seu merecimento.

Viver não é fácil, é conviver diariamente com desafios, com problemas múltiplos e de difícil solução.

Viver é ficar de cara com eles, sem saber que rumo tomar.

É ter as emoções transbordando e a insegurança invadindo o caminho, sem aomenos apresentar uma seta indicando a direção.

É chorar e rir ao mesmo tempo sem saber porque, sair correndo sem destinona esperança de que mais na frente as resposta te console o coração.

É perder emprego, perder entes queridos, perder a saúde e continuar lutando ese consolando com aqueles que já passaram por isso, ou que estão em piores situações.

A vida é uma labuta em toda sua dimensão e profundidade.

As armadilhas estão por aí e escapar delas nem sempre é possível, elas vão tepegar em um momento ou outro e é nesse momento que a vida acontece mais plenamente.

Apreende-se muito nas adversidades e são elas que proporcionam um maiorcrescimento interior.

Ela te conduz a questionamentos e a partir deles, você se torna mais humanoe consciente das limitações impostas por ela.

Imaginar a vida sem turbulências não faz parte da realidade.

A vida é assim para que ocorra a purificação do nosso espírito, é onde se tem a oportunidade de experimentar e vivenciar problemas que façam mudanças na forma de ser e pensar.

É fazer uso do bom senso e com maestria ir cavalgando os diversos caminhose obstáculos que por ventura aparecerem.

Apesar da vida ser rica em experiências e apresentar um laboratório humanocomplexo, a simplicidade é a magia da vida.

Ser simples é se encantar, amar a natureza, ter praz er em pequenos acontecimentos, viver com naturalidade e espontaneidade.

É ser transparente, ser inteiro e trabalhar de forma holística com o seu corpo.

É amar as pessoas, comer uma comida boa, ler um bom livro, buscar e criarmomentos que te façam feliz.

Cada um tem um jeito de viver, busque o seu e lembre-se, tudo tem consequências.

A lei da ação e reação é perfeita, não duvide dela.

Siga a trajetória do bem, do amor, da compaixão e da paz e o bem estar vaisim, chegar a você.

Viver é se entregar de corpo e alma, sem preconceitos, sem amarras, é deixar-se enamorar pela vida.

Contemple um pôr do sol, observe as maravilhas da natureza, faça planos,trace objetivos e cumpra suas metas.

Aos poucos tudo vai se encaixando, vai criando forma e o quebra-cabeça vai seformando naturalmente.

As peças que antes estavam deslocadas vão completando a figura e, mostrando devagar, a vida que você desenhou. Vida!

Tome posse da maturidade. A longevidade é uma bênção! Comemore! Ser maduro é um privilégio; é a última etapa da sua vida e se você acha que não soube viver as outras, não perca tempo, viva muito bem esta. Não fique falandotoda hora: "estou velho". Velho é coisa enguiçada. "Idade não é pretexto para ninguém ficar velho".

Perdoe-se você, antes de perdoar os outros. Se você falhou, pediu perdão? Deus já o perdoou e não se lembra mais. Não fique remoendo o passado... Não se importe com o julgamento dos outros.

Viva com inteligência todo o seu tempo. Viva a sua vida, não a do seu marido,da sua esposa, dos filhos, dos netos, dos parentes, dos vizinhos, dos amigos...Nem viva só pra eles, viva pra você também. Isso se chama amor-próprio, aquilo que você sacrificou sempre! Faça o seu projeto de vida!

Coma e beba com moderação; durma o suficiente. Tenha disciplina. Fale commuita sabedoria. Discipline sua voz: nem metálica, nem baixinha; seja agradável!

Do passado, valorize só o que foi bom. Experiências caóticas, traumas, fobias,neuroses, devem ser tratadas com o psicoterapeuta.

Não arrisque cirurgias plásticas rejuvenescedoras. Elas têm prazo curto de duração. A chance de você ficar mais feio é altíssima e a de ficar mais jovem é fugaz. Faça exercícios faciais. Tome no mínimo 8 copos de água por dia e 15 minutos de banho de sol é indispensável.

Use seu dinheiro com critério. Gaste em coisas importantes e evite economizartanto com você. Tudo o que se economizar com você será para quem? No dia em que você morrer, vai ser uma feira de Caruaru na sua casa. Vão carregar tudo. Por que não doar as roupas, abrir um brechó ou dar todas as suas bugigangas?

A maturidade não lhe dá o direito de ser mal educado.

Aposentadoria não significa ociosidade. Você deve arranjar alguma ocupaçãointeressante e que lhe dê prazer.

Cuidado com a nostalgia. Pessoas amargas e tristes são chatíssimas. Elogieos amigos, não fique exigindo explicações de tudo. Amigo é amigo.

Leia. Ainda há tempo para gostar de aprender. A maturidade pode lhe trazersabedoria.

Seja avó dos seus netos, não a mãe nem a babá. Cuidado com aquela disponibilidade que torna os outros irresponsáveis.

Se alguém perguntar como vão seus netos, evite discorrer sobre a beleza rara e a inteligência excepcional deles. Cuidado com a idolatria de neto e o abandono dos filhos casados...

Não seja uma sogra ou sogro chato. Nunca peça relatório de nada. Seu filho tem a família dele.

Cuidado em atender ao telefone: se a pessoa perguntar como você vai, e vocêresponder "estou levando a vida como Deus quer", "a vida é dura", "estou vencendo a dureza"; você vai ver que as ligações dos amigos e dos parentes vão rarear, cada vez mais.

A maturidade é o auge da vida, porque você tem idade, juízo, experiência, tempo e capacidade para se relacionar melhor com as pessoas. Então, delete do seu computador mental o vírus da inveja, do orgulho, do egoísmo, cobranças, coisas pequenas e frustrantes para tomar posse de tudo o que vocêsempre sonhou: a felicidade.

Ah, como a gente tem que ser humilde para amar!

Como a gente tem que acolher as dúvidas, as incertezas que nos transpassam e aceitar que nossas verdades, vez ou outra, vão levar rasteiras, vão por água abaixo.

Para amar, ah! Como a gente tem que, tantas vezes, deixar o orgulho ser desmoronado — tijolinho por tijolinho — e ficarmos crus e desapegados do que era a nossa mais íntima proteção. Esse orgulho que a gente confundia com amor-próprio. Mas era só medo de sofrer demais e de novo.

Porque se a gente, por vezes, não deixar o orgulho de lado, não há espaço para os perdões e os renascimentos. E parece que o amor é planta em constante transformação, se a gente se apega à semente, a gente nunca verá a árvore. Se a gente não se deixa desestruturar, se a gente não sede, até ao que é grande e certo dentro da gente, a gente não dança com a energia do amor.

Ah, como a gente tem que passar dos nossos limites tão minuciosamente estabelecidos, dizer não, sair de perto, ficar só por um longo tempo, meditar, encarar nossas sombras e voltarmos para o mundo mais serenos, menos vitimados e vaidosos.

Porque duas máscaras podem se beijar perfeitamente por algum tempo, mas duas almas nuas precisam sempre de coragem para evoluir. E nem sempre estamos dispostos a isso. Evoluir cansa. Mas o amor precisa disso.

E mesmo com tantos beijos e rasteiras, com tantos desencontros, reencontros, nascimentos e mortes... A gente precisa ter a doçura da maturidade para manter o coração sempre aberto para mais. Porque assim é a vida.

Às vezes, tudo se rompe. Às vezes, tudo se fortalece.

Mas, em qualquer história que seja, o amor me parece ser o contrário de qualquer jogo de cartas marcadas e de passos bem dados.

O amor parece ser algo como a natureza: caótico, um sem sentido mas com tanto sentido! O amor parece estar neste mundo há muito mais tempo do que nós *homo racionales sapiens*.

As árvores nos ensinam a amar. Um lagarto estirado no quintal nos ensina a amar. A chuva, que cai com cheiro de terra úmida trazendo cores de outros rios, nos ensina sobre amar. Sobre a inconstância das nuvens, sobre a flexibilidade das almas. Sobre as surpresas inesperadas e as transformações constantes...

Sobre o desencanto das aparências para o reconhecimento de uma essência comum.

REGUE-SE... CUIDE-SE... FLORESÇA...

Ah! Como a gente tem que ser humilde para receber o amor.

Perceber que de nada temos controle. Mas podemos ter muita vontade de amar, de crescer, de viver, de respirar profundamente as nossas possibilidadesde sentir.

A gente pode pegar uma caneta e tentar escrever a própria história, mas queas janelas e portas fiquem abertas para que a gente não se esqueça da forçadas marés e dos ventos e das surpresas e mistérios que nos invadem.

Muito mais que amar alguém ou algo, é amar a vida, e a vida é isso.

Sobre pausar a vida pelos filhos...

Hoje tomei meu café com lágrimas e na minha boca amargava as saudades que sinto da minha mãe. Fiquei pensando em quantas vezes, desde que me tornei mãe, já escutei a frase "não pause sua vida pelos filhos pois eles um diacrescem" ou alguma variação dela, repetida, ainda que não intencionalmente, como uma forma disfarçada de escrutinizar e menosprezar a dedicação materna. Se cria filho pro mundo, todo mundo diz. As asas, as benditas asas. Eu sei, você sabe.

Não pausar a vida. Ideia curiosa essa já que ser mãe é viver eternamente de pausas. Por 9 meses (ou mais) a gente pausa o vinho. Por aproximadamente 40 dias (mas provavelmente bem mais), a gente pausa a vida sexual. Por muitas e muitas noites a gente pausa o sono. A gente pausa a reunião de trabalho, a ligação importante, a promoção. A gente pausa a poupança porquejuntar dinheiro fica difícil. A gente pausa as refeições e os banhos. A gente pausa os planos de viagens, as saídas com as amigas, as idas ao cabeleireiro.A gente pausa o coração na preocupação e a gente pausa a própria vida pra respirar a deles.

Criar para o mundo. O que isso seria? Suponho que minha mãe me criou "parao mundo", sempre me dando asas. Saí de casa aos 18 anos para me casar e ter os meus filhos. Fui conquistar este mundão para o qual ela me criou. Mas averdade é que eu nunca deixei de ser dela. Um pedaço dela. Um produto dela. Tão dela que mesmo com mais de 40, eu ainda preciso que ela pause a vida dela por mim. E ela pausa. Passa o tempo que eu preciso vivendo minha vida. Ela pausa com a generosidade de quem é acostumada a pausar e doar e amare amar e amar.

Então, eu penso, enquanto tomo meu café com lágrimas e amargo as saudades que sinto da minha mãe, que filhos não são do mundo. Nossos filhos são nossos! Eles vieram da gente e voltam pra gente de novo e de novo. Mesmo estando longe, eles são nossos. Nossos pedaços. Nossos produtos. Os produtos de todas as nossas pausas. Porque é na pausa que fortalecemos o vínculo, é na pausa que construímos as memórias. É no pausar da vida, nesseincessante viver pelo outro, em meio as dores e sacrifícios que, como mulheres, muitas vezes nos vemos plenas; e mais do que isso, nos vemos mães.

Saia da sua zona de conforto: a vida é bem mais interessante do que você imagina! Quem leva uma vida certinha, segura e previsível nunca poderá saber se é uma pessoa extraordinária e espetacular! Isso mesmo: aventure-se! Em algum lugar, alguma coisa fará você passar por um teste para o qual não estava preparado e que não gostaria de enfrentar. A vida é assim e não tem como optar somente pela calmaria. Na turbulência pode estar uma nova razão de viver! Portanto, ouse mais! Desafie-se mais! Aceite as circunstâncias de sua vida para que a sua grandeza possa ser vista, tá? Nunca mais aceite uma vida monótona, "sem sal e sem açúcar". Você nasceu pra ser grande e voar bem alto! Saia da sua zona de conforto: a vida é bem mais interessante do que você imagina! Saia do quadrado, pô! Ninguém deveria permanecer na monotonia e nem levar uma vida previsível, viu? Ainda mais você que sabe que pode ser criativo, batalhador, guerreiro! Saiba quem você é! Saiba o que você pode realizar! Saiba onde quer chegar! E dê de presente pra você mesmo essa força, essa chance de viver uma vida nova, digna, completa, plena, inteira.

Esforce-se mais. Tente de novo! Tente algo de novo em sua vida! Corra mais riscos! Dê mais um passo! Permita-se provar coisas novas! Dê mais uma chance pra você! Perdoe-se! E perdoe quem precisa do seu perdão!

Experimente uma vida nova, agora! Levante, sacuda a poeira e dê a volta por cima! "Você tem, sim, a capacidade, o direito e o dever de melhorar a si próprio".

REGUE-SE... CUIDE-SE... FLORESÇA...

Estamos envelhecendo, estamos envelhecendo, estamos envelhecendo, sóouço isto. No táxi, no trânsito, no banco, só me chamam de senhora. E as amigas falam "estamos envelhecendo", como quem diz "estamos apodrecendo". Não estou achando envelhecer esse horror todo. Até agora. Mas a pressão é grande. Então, outro dia, divertidamente, fiz uma analogia.

O queijo Gorgonzola é um queijo que a maioria das pessoas que eu conheçogosta. Gosta na salada, no pão, com vinho tinto, vinho branco, é um queijo delicioso, de sabor e aroma peculiares, uma invenção italiana, tem status de iguaria com seu sabor sofisticadíssimo, incomparável, vende aos quilos nos supermercados do Leblon, é caro e é podre. É um queijo contaminado por fungos, só fica bom depois que mofa. É um queijo podre de chique. Para ficargostoso, tem que estar no ponto certo da deterioração da matéria. O que me possibilita afirmar que não é pelo fato de estar envelhecendo ou apodrecendoou mofando que devo ser desvalorizada.

Saibam: vou envelhecer até o ponto certo, como o Gorgonzola. Se Deus quiser, morrerei no ponto G da deterioração da matéria. Estou me tornando uma iguaria. Com vinho tinto sou deliciosa. Aos 60, sou uma mulher para paladares sofisticados. Não sou mais um queijo Minas Frescal, não sou mais uma Ricota, não sou um queijo amarelo qualquer para um lanche sem compromisso. Não sou para qualquer um, nem para qualquer um dou bola, agora sou um queijo Gorgonzola.

Tem pai que ama, tem pai que esquece do amor. Tem pai que adota, tem pai que abandona.

Tem pai que não sabe que é pai, tem filho que não sabe do pai. Tem pai...

Tem pai que dá amor, tem pai que dá presente.

Tem pai por amor, tem pai por acaso.

Tem pai que se preocupa com os problemas do filho, tem pai que não sabe dosproblemas do filho.

Tem pai...

Tem pai que ensina, tem pai que não tem tempo.

Tem pai que sofre com o sofrimento do filho, tem pai que deixa o filho esquecido.

Tem pai de todo jeito.

Tem pai que encaminha o filho, tem pai que o deixa no caminho.

Tem pai que assume, tem pai que rejeita.

Tem pai que acaricia, tem pai que não sabe onde está o filho que precisa de carinho.

Tem pai que afaga, tem pai que só pensa em negócios. Tem...

Tem pai de todo jeito.

Não podemos escolher o nosso pai... Mas podemos escolher o pai dos nossos filhos.

Eu queria apenas um pai para os meus filhos, que esteja consciente do amor que tem para dividir...

Eu queria apenas um pai amigo... Para os meus filhos.

Quero voltar a confiar! Fui criado com princípios morais comuns: quando eu era pequeno, mães, pais, professores, avós, tios, vizinhos eram autoridades dignas de respeito e consideração. Quanto mais próximos ou mais velhos, mais afeto. Inimaginável responder de forma mal educada aos mais velhos, professores ou autoridades... Confiávamos nos adultos, porque todos eram pais, mães ou familiares das crianças da nossa rua, do bairro, ou da cidade... Tínhamos medo apenas do escuro, dos sapos, dos filmes de terror... Hoje me deu uma tristeza infinita por tudo aquilo que perdemos. Por tudo o que meus netos um dia enfrentarão. Pelo medo no olhar das crianças, dos jovens, dos velhos e dos adultos. Não levar vantagem em tudo significa ser idiota. Pagar dívidas em dia é ser tonto... Anistia para corruptos e sonegadores... O que aconteceu conosco? Professores maltratados nas salas de aula, comerciantes ameaçados por traficantes, grades em nossas janelas e portas. Que valores são esses? Automóveis que valem mais que abraços, filhas querendo uma cirurgia como presente por passar de ano. Celulares nas mochilas de crianças. O que vais querer em troca de um abraço? A diversão vale mais que um diploma. Uma tela gigante vale mais que uma boa conversa. Mais vale uma maquiagem que um sorvete. Mais vale parecer do que ser... Quando foi que tudo desapareceu ou se tornou ridículo? Quero arrancar as grades da minha janela para poder tocar as flores! Quero me sentar na varanda e dormir com a porta aberta nas noites de verão! Quero a honestidade como motivo de orgulho. Quero a vergonha na cara e a solidariedade. Quero a retidão de caráter, a cara limpa e o olhar olho no olho. Quero a esperança, a alegria, a confiança! Quero calar a boca de quem diz: "temos que estar ao nível de...", ao falar de uma pessoa. Abaixo o "TER", viva o "SER". E viva o retorno da verdadeira vida, simples como a chuva, limpa como um céu de primavera, leve como a brisa da manhã! E definitivamente bela, como cada amanhecer. Quero ter de volta o meu mundo simples e comum. Onde existam amor, solidariedade e fraternidade como bases. Vamos voltar a ser "gente". Construir um mundo melhor, mais justo, mais humano, onde as pessoas respeitem as pessoas.

Utopia? Quem sabe? Precisamos tentar... Quem sabe comecemos a caminhar transmitindo essa mensagem... Nossos filhos merecem e nossos netos certamente nos agradecerão!

Menina-mulher, tentaram me fazer acreditar que o amor não existe e que sonhos estão fora de moda. Cavaram um buraco bem fundo e tentaram enterrar todos os meus desejos, um a um, como fizeram com os deles. Mas como menina-teimosa que sou, ainda insisto em desentortar os caminhos. Emconstruir castelos sem pensar nos ventos. Em buscar verdades enquanto elastentam fugir de mim. A manter meu buquê de sorrisos no rosto, sem perder a vontade de antes. Porque aprendi com a Dona Chica que a vida, apesar de bruta, é meio mágica. Dá sempre pra tirar um coelho da cartola. E lá vou eu, nas minhas tentativas, às vezes, meio cegas, às vezes, meio burras, tentar acertar os passos. Sem me preocupar se a próxima etapa será o tombo ou o voo. Eu sei que vou. Insisto na caminhada. O que não dá é pra ficar parado.

Se amanhã o que eu sonhei não for bem aquilo, eu tiro um arco-íris da cartola. E refaço. Colo. Pinto e bordo. Porque a força de dentro é maior. Maior que todomal que existe no mundo. Maior que todos os ventos contrários. É maior porque é do bem. E nisso, sim, acredito até o fim. O destino da felicidade me foi traçado no berço. Felicidade não é uma obrigação. Felicidade é uma opção.

Que nunca me falte a vontade de viver... Sorrir e AMAR!

Ontem desenhei teu rosto nas paredes da minha casa. Esbocei minuciosamente no espelho do meu quarto, teus traços e teu jeito de me fazer bem. Tudo que vi ficou demais exato por ter sido criado por mim, que mal sei desenhar os meus próprios caminhos. Usei meus sonhos como tintas coloridas e enchi de encanto a tela vazia da minha solidão.

Rabisquei teu sorriso olhando crianças brincando nas ruas de terra batida e fiquei feliz com o que vi. Imaginei teus cabelos como se fossem cachos de acácias amarelas balançando ao vento de um outono de cores gris. Teus braços são ramos que perfumam as minhas mãos frias e aflitas de tanto desejo. Busquei o brilho dos teus olhos na luz de um dia de sol constante, que nunca chegamos a viver. A cor da tua pele roubei de uma nuvem branca que passou ligeira pelo céu dos meus pensamentos e desapareceu no horizonte dotempo, onde tudo tem hora certa pra acabar.

Ah! Como você é linda e passageira! Mesmo assim, você me inspira a fazer atéo que eu nem sei, inclusive amar com toda verdade! Tudo que desenhei em torno de mim ficou tão perfeito que eu jamais acreditei ser você ali, estampada nos meus braços, refletida nos meus gestos e se escondendo nas sombras do anoitecer. Mas uma ventania inesperada soprou forte e borrou meus olhos que transbordavam as lágrimas da minha vontade. Permutamos esperanças pelo medo escancarado de um futuro escrito sem nós.

Derramaram-se tintas nos meus planos perfeitos de ser feliz contigo. Cores vivas se espalharam pelo chão empoeirado da minha tristeza e escorreram atéo final de mim. Naquela tela, antes branca e pura, agora pulsam velhas lembranças de tudo aquilo que jamais seremos outra vez.

Apesar de não ter tido a chance de amar com a medida e a urgência que eu tanto quis para nós dois, desenhei com inspiração e dor a tua vida no vazio da minha vida. Delineei teus traços na escuridão dos meus dias com primor, exatidão e formas das quais jamais ouviremos falar em outra ventania. A minha saudade é um retrato borrado pelas cores da desilusão.

Quero beijos sinceros e apaixonados...
Quero carinho, cafuné, colo!
Quero toque, pele, química, desejo.
Quero noites de lua cheia!
Quero viagens inesquecíveis...
Quero trilha, cachoeira, praia, por do sol, pés descalços!
Quero mar, quero vento, quero sol!
Quero amigos loucos e felizes!
Quero adrenalina, suspense, aventura!
Quero ouvir música alta e dançar até cansar!
Quero conhecer muita gente e me apaixonar por cada uma!
Quero abraços, muuuitos abraços! E muitos beijos também!
Quero chorar de rir!
Quero banho de chuva!
Quero dinheiro no bolso!
Quero dormir até acordar!
Quero me jogar... quero voar! Quero viver de amor!
QUERO SER FELIZ.

Eu já mandei minha felicidade embora muitas vezes simplesmente por não ter a menor ideia do que fazer com ela, deixei que ela passasse porque estava mais acostumada a lidar com o meu caos pessoal. E, dessa vez, não quero que isso aconteça. Dessa vez, olhei pro meu pessimismo e decidi encará-lo. Ele medisse que vai doer depois, que quanto maior a altura, maior a queda. Eu disse que queria arriscar. Por favor, deixa, pelo menos dessa vez, deixa eu saber como é! Ela não queria, mas no fim das contas teve que ceder, afinal quem manda aqui ainda sou eu! Agora, eu passeio com ela todos os dias, nos tornamos grandes companheiras. Eu e a minha felicidade, a minha felicidade e eu. Às vezes, ainda nos estranhamos, às vezes, ela ainda me deixa um pouco desconfiada. É que, às vezes, ela chega tão decidida a se juntar a mim no meio da noite, entre um abraço e outro, entre uma palavra doce e outra. E de vez emquando, o meu pessimismo tenta se sobressair e me dizer pra tomar cuidado, pra não dar muita trela. Mas parei de ouvi-lo, confesso que a presença da minha nova amiga é muito mais agradável e cheia de vida e, sinceramente, sempre gostei mais do colorido que do cinza! Tô pagando pra ver sim, tô com acara exposta sim, e pode doer o quanto for, podem maldizer o quanto for, o sorriso que eu levo hoje apaga todos os outros rastros. Eu aprendi, aos trancos, que ser feliz não dói. Ser feliz não dói. Confia em mim, não precisa ter mais medo — ela me disse.

Mas um dia você vai acordar pra ver, que dormir é desculpa de quem tem medo de viver.

Eu não acredito em metade da laranja, cara metade, tampa da panela ou qualquer coisa desse gênero. Eu acredito em inteireza. Eu acredito em duas pessoam inteiras, completas, que se escolhem. Que se reconhecem. Que a alma de um fala (mesmo em silêncio) com a alma do outro. E se acrescentam. E se amam. E se aceitam. E somam.

Estou carente, preciso de você, vem tirar essa angústia do meu peito. Meu coração tá te chamando, ele tá querendo te amar.

"Vai, menina, fecha os olhos. Solta os cabelos. Joga a vida. Como quem não tem o que perder. Como quem não aposta. Como quem brinca somente. Vai, esquece do mundo. Molha os pés na poça. Mergulha no que te dá vontade. Que a vida não espera por você. Abraça o que te faz sorrir. Sonha que é de graça. Não espere. Promessas vão e vem. Planos, se desfazem. Regras, você as dita. Palavras, o vento leva. Distância só existe pra quem quer. Sonhos se realizam, ou não. Os olhos se fecham um dia, pra sempre. E o que importa você sabe, menina. É o quão isso te faz sorrir. E só."

Não sei como explicar o que eu estou sentindo. A cada dia que passa pareceque eu gosto mais de você.

É inexplicável como esse sentimento cresce a cada dia, a cada beijo, a cada abraço, a cada mensagem que você me manda, a cada momento que eu vivocom você, e a cada pensamento que eu tenho imaginando nós dois.

Todos os dias eu acordo e durmo mais feliz, só de me lembrar que você existe e que você me ama.

Desejo que sempre seja assim!

Sempre ouvi dizer que o Homem da tua vida não é o amor da tua vida e aindabem que constatei que assim é. O amor da tua vida vai levar-te à loucura. O homem da tua vida vai querer que a tua vida seja uma loucura pegada de paixão e alegria.

O amor da tua vida vai deixar-te sem chão, sem saberes quem és e o que fazes aqui. O homem da tua vida vai mostrar-te que o chão tem de ser digno de tu o pisares e que o planeta tem mais é de agradecer a tua vinda à Terra.

O amor da tua vida vai deixar-te de nariz colado na janela à espera que o carro dele ronde a tua casa. O homem da tua vida nunca vai sair do teu lado e está sempre lá, antes mesmo que abras a boca para pedir o seu ombro.

O amor da tua vida vai fazer com que tu exijas explicações a toda a hora. O Homem da tua vida não dá um passo sem tu saberes.

O amor da tua vida vai roubar-te todo o teu amor-próprio até à última gota. O Homem da tua vida vai certificar-se que as únicas gotas que vês na vida são as do vosso vinho ao jantar.

O amor da tua vida vai consumir toda a tua alma e roubar-te toda a paz de espírito. O Homem da tua vida vai fazer-te apaixonares-te por ele de corpo, mente e alma.

O amor da tua vida vai fazer-te andar atrás e correr os 1.000 metros barreiras para esse amor dar certo. O Homem da tua vida corre contigo de mãos dadase no final ainda te agarra em braços porque chegaram juntos ao final de mais um dia.

O amor da tua vida é o divisor de águas entre quem tu achavas que eras e quem tu realmente és. O Homem da tua vida é atraído pela tua essência, como realmente és, sem fazeres por seres normal ou por queres agradar.

O amor da tua vida vai fazer-te acender velinhas, fazer orações e queimar incensos. O Homem da tua vida vai levar-te a jantar fora, vai fazer-te rir e agradeceres por estares viva cada segundo.

O amor da tua vida vai fazer-te viajar muito a vários locais e pessoas paraencontrares as respostas. O Homem da tua vida vai mudar-te todas as perguntas e mostrar o quão simples a vida é.

O amor da tua vida vai fazer espernear-te contra as tuas sombras e contraquem tu achas que não és. O Homem da tua vida vai amar todas as imperfeições que tu achavas que tinhas e que eram só feitio.

O amor da tua vida, cada vez que olhares para ele, vai deixar uma gota fria noteu ser. O Homem da tua vida, cada vez que olhares para ele, vai transbordaro teu ser de alegria e orgulho.

REGUE-SE... CUIDE-SE... FLORESÇA...

    O amor da tua vida vai olhar-te com dúvidas, incertezas e fazer-te provar quem és. O Homem da tua vida vai olhar-te com contemplação e admiração e sentir-se o gajo mais louco do mundo por tu o amares a ele.

    O amor da tua vida vai iludir-te e vais pensar que é AMOR. O Homem da tua vida é O AMOR.

    Sejam gratas e gratos a quem um dia consideraram ser o amor das vossas vidas. Afinal de contas, como poderíamos saber amar e acima de tudo amarmo-nos se nunca nos tivessem odiado ou nos feito odiar? Como poderíamos desejar um Homem com H grande se antes não nos tivéssemos transformado na Mulher mais distinta e admirável que apreciamos?

    Semelhante atrai sempre semelhante.

Você já deve ter tido contato com alguma mercadoria falsa, hoje há milhões espalhadas por aí. Existe até uma classificação para elas: primeira linha, segunda linha... quanto mais semelhante, melhor para enganar!

O mercado de obras de arte também sofre com as falsificações cada vez mais perfeitas dos grandes artistas. Pessoas talentosas que poderiam criar suas próprias obras, emprestam seus conhecimentos para ludibriar.

Você já deve ter ouvido sobre o falso político, falso médico, falso policial, falso pastor, falso obreiro, perfis em redes sociais falsos etc.

Por isso, vemos a sociedade em falência de valores. A corrupção do coração humano chegou a tal ponto, que tem sido uma árdua tarefa viver.

Parece normal e aceitável a falsidade.

A pior crise não é econômica ou política. O problema não é o aumento da gasolina ou a falta de educação, como muitos acham. Apesar disso tudo ser muito ruim, há coisas muito piores que alojam-se no interior e torna a pessoa no que ela de fato é.

Tem pessoas dispostas a fazerem tudo para se promoverem e para realizarem suas ambições pessoais.

Bajulam, simulam ser o que não são, mostram a doçura de adoçante (nada natural) a quem interessa, sutilmente desmoralizam o outro, manipulam, criam mal-entendidos e tem uma habilidade em dizer o que as pessoas gostam de ouvir.

E, muitas vezes, pessoas falsas conseguem alcançar posições de destaque. Geram discípulos — gente com o mesmo caráter.

A quem interessa: delicadeza, beijinhos, largos sorrisos, tapinha nas costas e favores.

A quem não interessa: indiferença, pisão no pé, piadinhas e grosserias. É familiar a você alguma situação dessas?

Já havia muitos hipócritas na época do Senhor Jesus. Eles causaram um prejuízo enorme à fé. Colocavam fardos nas pessoas com ensinamentos impraticáveis de tão pesados. Transformaram o templo em covil de salteadores, seus seguidores eram cascudos de tanta religiosidade. Foram os únicos que ouviram severas palavras do Senhor Jesus, como: "raça de víboras, exteriormente parecem justos, mas no íntimo são sepulcros caiados".

Sabia que, pessoas muito emocionais correm mais riscos de serem enganadas e sofrer. Então, seja racional e observe sempre.

Não acredite em tudo que lhe falam, principalmente se for um assunto referente a uma outra pessoa — questione (mesmo que internamente). Isso evita que você cometa injustiça, caso não seja verdade.

Tenha uma visão macro, ou seja, percepção daquela pessoa com todas asdemais. Isso ajuda a discernir o caráter e a intenção dela.

E não posso terminar esse texto só falando dos outros e esquecendo de nós mesmos.

Devemos nos avaliar em cada detalhe:

Só faça um elogio se realmente acha que merece — as redes sociais estão cheias desse comportamento. Escrevem LINDA, quando na verdade acha horrível.

Não diga que está morrendo de saudades, quando de fato não gostaria deconviver mais com aquela pessoa.

Não vá à igreja para cumprir uma obrigação.

Nunca demonstre ser o que não é.

Seja sincero sempre, mesmo que isso te faça ter menos amigos; ou seja excluído de algum círculo de convívio. Pode ser que o seu caminho seja maisdifícil e longo, todavia é o melhor a trilhar.

Para mim não há nada mais valioso quando alguém me oferece sua amizadesincera. E você?

Ninguém é obrigado a gostar de ninguém, mas existe uma coisa que se chamarespeito. Caráter... Ou você tem... Ou você não tem.

GENTE VAI EMBORA e fica tudo aí, os planos a longo prazo e as tarefas de casa, as dívidas com o banco, as parcelas do carro novo que a gente comprou pra ter status.

A GENTE VAI EMBORA sem sequer guardar as comidas na geladeira, tudo apodrece, a roupa fica no varal.

A GENTE VAI EMBORA, se dissolve e some toda a importância que pensávamos que tínhamos, a vida continua, as pessoas superam e seguem suas rotinas normalmente.

A GENTE VAI EMBORA as brigas, as grosserias, a impaciência, a infidelidade, serviram para nos afastar de quem nos trazia felicidade e amor.

A GENTE VAI EMBORA e todos os grandes problemas que achávamos que tínhamos se transformam em um imenso vazio, não existem problemas.
Os problemas moram dentro de nós.
As coisas têm a energia que colocamos nelas e exercem em nós a influência que permitimos.

A GENTE VAI EMBORA e o mundo continua caótico, como se a nossa presença ou ausência não fizesse a menor diferença.
Na verdade, não faz.
Somos pequenos, porém, prepotentes. Vivemos nos esquecendo de que a morte anda sempre à espreita.

A GENTE VAI EMBORA, pois é.
É bem assim: piscou, a vida se vai...
O cachorro é doado e se apega aos novos donos.

Os viúvos se casam novamente, fazem sexo, andam de mãos dadas e vão ao cinema.

A GENTE VAI EMBORA e somos rapidamente substituídos no cargo queocupávamos na empresa.

As coisas que sequer emprestávamos são doadas, algumas jogadas fora.

Quando menos se espera, A GENTE VAI EMBORA. Aliás, quem espera morrer?
Se a gente esperasse pela morte, talvez, a gente vivesse melhor. Talvez, a gente colocasse nossa melhor roupa hoje, fizesse amor hoje,talvez, a gente comesse a sobremesa antes do almoço.
Talvez, a gente esperasse menos dos outros,
Se a gente esperasse pela morte, talvez, perdoasse mais, risse mais, saísse àtarde para ver o mar, talvez, a gente quisesse mais tempo e menos dinheiro.

Quem sabe, a gente entendesse que não vale a pena se entristecer com ascoisas banais, ouvisse mais música e dançasse mesmo sem saber.

O tempo voa.
A partir do momento que a gente nasce, começa a viagem veloz com destino ao fim — e ainda há aqueles que vivemcom pressa!
Sem se dar o presente de reparar que cada dia a mais é um dia a menos, porque A GENTE VAI EMBORA o tempo todo, aos poucos e um pouco mais acada segundo que passa.

O QUE VOCÊ ESTÁ FAZENDO COM O POUCO TEMPO que lhe resta?!

Que possamos ser cada dia melhores e que saibamos reconhecer o querealmente importa nessa passagem pela Terra!!!
Até porque, A GENTE VAI EMBORA.

Acordo reflexiva...

As chamadas aos dias, aos tempos, o natural calendário da memória me mostra, me faz viver e reviver... Naturalmente, refaço a cama, que, por sinal, bem desfeita, um hábito que não analiso de dormir em muitos lençóis. Um jeitoexagerado de enroscar-me neles (um aconchego aos travesseiros), um jeito manhoso que trago comigo. "Sorrio"; isso me dá um certo trabalho... Fazer ou refazer uma cama destas leva alguns minutos... E, às vezes, dá uma certa preguiça... Prossigo enquanto penso em muitos dias, que longe vão... Os dias desiguais, as portas e janelas da casa têm design diferente, assim como a vidae o seu passar como as linhas "varicor" que desenhavam e tingiam os bordados antigos dos panos da casa (REFLITO COM CERTA VAIDADE E SATISFAÇÃO), como se buscasse não a justificativa das coisas e sim uma concreta visão da vida (agora).

Da vida (PRESENTE SEM PAR), passagem de sonho, cheia e repleta de alegrias e sem faltar e com certeza as grandes ou pequenas, mas sempre tristezas... Destas, somos todos agraciados, não há quem delas escape, não há como fugir; esse ruído nos segue sem que saibamos onde ou quando nos dará um abraço que preferimos nunca sentir... E como tudo nos serve de troféu... Abracei os meus e hoje os olho com uma lembrança de momentos quetrazem consigo o crescimento e a destreza que a todos deve seguir (experiências) e, assim, O CAMINHO DO HOJE SERÁ SEMPRE... O HOJE, Costumo dizer [...]... E sigo, olhando de frente, observando os lados, vislumbrando, vez por outra, o que deixei ou o que ficar para trás... Sem remorsos ou assombros com a alma alva dos perdões e gratidão, que a mim dou, porque é preciso que nos perdoemos, pelas falhas, pelos nossos apelos errados que nos põe diante da incessante procura do acerto.

(DAS EXPERIÊNCIAS) Delas e para elas o meu aplauso... Tornei-me mais forte, melhor em tudo, e assim a todos deve suceder... E, neste contexto, tudo conta e a vida encanta, como nas magias das inocentes crianças, nos proporciona uma viagem sem igual, repleta de horizontes que, sem eles, não saberíamos galgar... (experiências) são os louros inevitáveis e bem-vindos sempre, custe o que custar. São elas que nos empurram na direção da consciência e do real sentido do ser. São as grandes amigas, aquelas que nos mostram quem somos sem nos poupar com mentiras e afagos falsos... Aliás, falsos são os amigos que só sim dizem e, quando precisamos de um não, eles caramelizam de um falso doce, nossos defeitos... Elas não, elas SERVEM EM BANDEJA DE OURO NOSSAS FALHAS E IMATURIDADES PARA NOS

TORNAR CRISTAL VERDADEIRO... Assim sendo, são fundamentais na buscado melhor de nós. Imperfeita e aprendiz, sigo, penso... E vasculho os meus recantos dispersos e escondidos, na constante e transparente visão do meu "eu".

Sinto-me bem. Um garantido conforto borda-me a alma com linhas coloridas ainda que com desiguais tons (linhas varicor)... E vou tecendo este trabalhoque é fazer a ordem voltar ao ambiente que considero "sagrado": o quarto, onde descansamos, a cama onde amamos ou sonhamos... Um lugar onde ocarinho da paz nos visita.

(DAS LEMBRANÇAS... E dos prazeres, assim como os bons vinhos, osmelhores perfumes, que ficam impregnados na alma)

São os amores (que me perdoem os fingidos); não existe um apenas... Eles são ou foram tantos... Mas, alguns ficam presos na lembrança e vivos, latentes nos sentimentos... E nos chegam como um suave perfume e nos sacode e acode nas viagens tão perfeitas que ficam perto o suficiente para sentirmos o perfumedo objeto amado... E lembrar com precisão, o menor gesto, pequenos detalhes,sutilezas, que na memória não se dispersam... Ainda do perfume, falando, aquele amigo que partiu numa viagem sem volta... Aquele amor que, sem despedida, apenas se foi... E ficou. As amizades, a esta rendo minha homenagem e digo que — creio no amor das amizades; os amigos, falo de amigos verdadeiros, aqueles que nem o tempo, nem a distância, nem as diferenças os faz indiferentes ao tempo e a tudo. Vivos, habitam nos silêncios ena plenitude do sentimento mais profundo; aqueles que por toda vida nos seguem e nos seguirão, guardados na caixinha do coração, onde nem o tempo,nem a oxidação do fútil os corrói, quando expostos ao tempo e/ou aos temporais, onde nem as adversidades os faz distantes. "Vivos, permanecem", como patrimônio na sua essência. Pérolas, tantas vezes, pedra rara, são os amigos, que ficam como patrimônio na memória, bem real que segue conosco, enquanto dura o Sol da vida (tenho alguns assim) [...].

DO TEMPO, aqui falo, expresso, está contido em toda extensão do meupensamento — HOJE.

E a ele tenho total devoção.

DAS SAUDADES, estão contidas no contexto lembrança e nos servem em taças, como vinhos, o doce contentamento, de haver vivido momentos bons, sorrisos doados, sem restrições, "amados e vividos", não cobram de nós, nada.Acariciam o coração para demonstrar que continuamos vivos e, se algumas vezes, permeiam nosso espírito, nos trazem doces contentamentos; ingrediente indispensável para produzir emoção.

A SAUDADE é companheira. Em casos isolados, faz companhia, pois trazconsigo as imagens e o contentamento do que se viveu.

(Então, da vida, as experiências;

Das lembranças, os prazeres;

Das experiências, a lapidação e os louros;

Do tempo, a estrada para o hoje será sempre... O hoje;

Das saudades, o contentamento e a felicidade de haver vivido).

CONCLUSÃO, viver é bom! É divino! Não há, em mim, espaço para mágoa, não tenho tempo para rancores; o amor me consome, o amar me diverte e adverte: "é preciso amar as pessoas como se não houvesse amanhã" (RenatoRusso).

Aplausos, ao dom da vida! E, em especial, a alguns, todo o meu carinho, todo omeu apreço...

Duas vezes, eu quase morri de saudades de você.

Sonhei com você, sonhei anteontem, sonhei ontem,
Sonhei hoje,
Sonho todos os dias.
Estou sonhando agora,
Quero sonhar amanhã e nos dias seguintes,Até ter você comigo.
Sonho acordado ou dormindo,
Não importa de que maneira ou quando,Se é sonho ou realidade,
O que importa é você.
Você é o meu grande sonho

Saudade aqui de você, dos seus beijos no meu.
Saudade de você no meu olhar, e do seu olhar confinando o meu a querer somente te amar.
Saudade desse sorriso enfeitando meu dia, mostrando para mim a alegriade viver e te desejar.

Ficou o cheiro, o gosto, o toque, o sorriso, a voz, o olhar, a saudade, a vontade, ficou você inteiro... em mim!

Hoje, senti sua falta, como sempre sinto.

Senti saudades de mim, saudades de você, saudades de nós, saudades da minha felicidade, do seu sorriso, do seu viver.
Hoje mais do que nunca senti sua falta. Falta dos teus olhos, falta dos meus olhos nos seus. Falta do seu olhar, falta da alegria no meu olhar. Hoje senti que preciso de você, senti sua falta. Falta de ouvir "amor meu, falta de ser o amor seu."
Falta de ter com quem falar, falta de ter você comigo!
Sinto saudades, saudades de você. Saudades do seu carinho...
Saudades da sua certeza... Saudades da menina, da mulher. Saudades de você, amor meu...
Senti falta de ouvir que sou o amor seu... Hoje, senti sua falta, como sempre sinto...

Reflexão...

ENTENDA POR QUE AS FAKE NEWS SÃO TÃO PERIGOSAS.

Fake news são notícias e informações falsas — ou modificadas — veiculadas na internet com o propósito de manipular pessoas e eventos. Elas também estão ligadas ao sensacionalismo, que visa chamar a atenção e obter "likes" para gerar lucro.

Segundo pesquisa do Instituto Reuters para o estudo do Jornalismo, as redes sociais são a maior fonte de notícias para os brasileiros. E isso só aumenta, já que o percentual de pessoas que usam as redes sociais como fonte de notícias foi de 47%, em 2013, para 72%, em 2016.

Isso mostra que a repercussão de uma notícia falsa pode atingir inúmeras pessoas em poucos minutos e acarretar prejuízos morais e até mesmo financeiros

O tema é complexo e requer soluções não só do poder público, mas também de cada pessoa que se depara todos os dias com milhões de notícias, principalmente nas redes sociais. É preciso um trabalho abrangente de conscientização social para que as Fake News sejam barradas e não veiculadas.

É preciso um esforço para detectá-las e combatê-las e isso não é impossível. Há cuidados simples que podem ajudar a mudar esse cenário. Uma delas é verificar a fonte das notícias e não repassar sem a mínima análise.

Todavia, de maneira geral, as pessoas tendem a gostar de acreditar em mentiras. Por quê? Porque a mensagem das mentiras parecerá agradável às pessoas. Mesmo sabendo que são mentiras, elas serão aceitas.

De maneira geral, as pessoas tendem a gostar de acreditar em mentiras.

Mas o que é a propaganda? É qualquer coisa que escolhe manipular a verdade. No entanto, seus mercados atualmente estão virtualmente em toda parte, especialmente devido às novas tecnologias: o amplo alcance da internet, mídia comercial e social (i.e.: Twitter, Facebook, Instagram etc.).

O que é popular, ou o que vai ser "viral", não é necessariamente verdadeiro e provavelmente não é uma notícia importante. Contudo, essa "corrente" de blogs, novos sites, postagens no Facebook e no YouTube (para mencionar apenas alguns dos mais importantes sites sociais) produzem um tipo de nova realidade compartilhada para as sociedades.

Por fim, nos dias de hoje se faz necessário e/ou obrigatório receber a notícia e checar a veracidade.

É o mínimo...

Minha mãe tinha muitos problemas. Dormia mal e se sentia exausta. Era irritada, mal-humorada e amarga, até que um dia, de repente, ela mudou.

Um dia, meu pai disse-lhe:

— Amor, vou jogar bola com os amigos.

Minha mãe respondeu.

— Está bem...

Meu irmão disse-lhe.

— Mãe, vou mal em todas as matérias do colégio.

Minha mãe respondeu:

— Está bem. Você vai se recuperar. E se não o fizer, vocêpoderá repetir o ano. Mas você vai pagar com as suas reservas.

Minha irmã disse:

— Mãe bati com meu carro.

Minha mãe respondeu:

— Está bem, filha. Leve-o para a oficina e procure uma forma de como pagar. E enquanto eles consertam, vá andando de ônibus oumetrô.

Sua irmã disse-lhes:

— Irmã, eu vim passar alguns meses com vocês.

Minha mãe respondeu:

— Está bem. Acomode-se no sofá da sala e procure alguns cobertores no armário.

Nos reunimos na casa dela preocupados, encabulados em ver essas suasreações.

Nos propusemos então fazer um "questionamento" a ela para afastar qualquerpossibilidade de reação que fosse provocada por alguma medicação "anti-birras".

A nossa surpresa foi imensa, quando o minha mãe nos explicou:

— Demorou muito tempo para perceber que cada um é responsável por sua vida.Levei anos descobrindo que minha angústia, minha mortificação, minha depressão, minha coragem, minha insônia e meu estresse não resolveriam os vossos problemas. Mas, sim, exacerbaram os meus.

Eu não sou responsável pelas ações dos outros. Eu sou responsável pelas reações de como eu me expresso perante elas.

Portanto, cheguei à conclusão que o meu dever para comigo mesmo é mantera calma e deixar que cada um resolva suas pendências da forma que lhe convier.

Vocês têm todos os recursos necessários para resolver suas próprias vidas.

Eu só posso dar meu conselho se por acaso me pedirem. E cabe a vocêsdecidirem segui-lo ou não.

Então, de hoje em diante, parei de ser a receptáculo de suas responsabilidades, a carregadora de suas culpas, a lavanderia dos seusremorsos, a advogada de seus defeitos, o Muro das Lamentações, a depositária das suas frustações, que resolve seus problemas ou sua tábua desalvação para conta de vossos desafios.

De agora em diante, eu os declaro todos adultos, independentes e autossuficientes.

Todos na casa da minha mãe permaneceram em silêncio.

Desde aquele dia, a família começou a funcionar melhor, porque todo mundoem casa sabe exatamente o que lhe cabe fazer.

A origem de muitas das nossas decepções é pensar que os outros fariam por nós aquilo que nós faríamos por eles. Esperamos a mesma sinceridade, o mesmo altruísmo e reciprocidade, mas, no entanto, os valores que definem osnossos corações não são os mesmos que vivem na mente dos outros.

Uma maneira simples de encontrar a felicidade pode residir no ato de minimizaras nossas expectativas. Quanto menos tu esperares, mais poderás receber ou encontrar. É certamente um argumento um tanto controverso, no entanto, não deixa de ter a sua lógica.

"Não esperes nada de ninguém, espera tudo de ti mesmo, desse modo, o teu coração irá armazenar menos decepções".

Todos nós sabemos que no que diz respeito às nossas relações, é impossível não ter expectativas. Esperamos que os outros tenham certos comportamentose desejamos ser amados, defendidos e valorizados. Agora, isso não impede que, por vezes, essas previsões não falhem. Quem espera muito dosoutros geralmente acaba ferido em algum detalhe, alguma nuance.

Como parar de esperar muito dos outros.

Ninguém é ingénuo por necessitar de ver sempre o lado bom das pessoas. Temos o direito de vê-lo, encontrá-lo e até mesmo promovê-lo, mas com alguma cautela. Porque a decepção é a irmã das expectativas elevadas, porisso, é mais apropriado não se deslumbrar antes do tempo.

"As aparências não nos costumam enganar, o que muitas vezes costuma falhar são nossas próprias expectativas sobre os outros..."

Podemos esperar muito dos demais, no entanto, o certo é sempre esperar maisde nós mesmos.

Enfim... quanto menos esperamos, mais surpresas podemos ter. Dessa forma,seremos um pouco mais livres e a nossa felicidade será menos dependente docomportamento dos outros.

Somos todos falíveis, somos todos seres maravilhosamente imperfeitos que tentam viver num mundo, onde, por vezes, decepções caóticas são inevitáveis,mas no qual também habitam o amor sincero e amizades duradouras.

Quando eu for bem velhinha, espero receber a graça de, num dia de domingo,me sentar na poltrona da biblioteca e, bebendo um cálice de vinho do Porto, dizer a minha neta:

— Querida, venha cá.

Feche a porta com cuidado e sente-se aqui ao meu lado.Tenho umas coisas pra lhe contar.

E assim, dizer apontando o indicador para o alto:

— O nome disso não é conselho, isso se chama colaboração!

Eu vivi, ensinei, aprendi, caí, levantei e cheguei a algumas conclusões.

E agora, do alto dos meus 82 anos, com os ossos frágeis, a pele mole e oscabelos brancos, minha alma é o que me resta saudável e forte.

Por isso, vou colocar mais ou menos assim: é preciso coragem para ser feliz. Seja valente. Siga sempre seu coração.

Para aonde ele for, seu sangue, suas veias e seus olhos também irão. Satisfaça seus desejos.

Esse é seu direito e obrigação.

Entenda que o tempo é um paciente professor que irá lhe fazer crescer, mas escolha entre ser uma grande menina ou uma menina grande, vai depender só de você.

Tenha poucos e bons amigos. Tenha filhos. Tenha um jardim.

Aproveite sua casa, mas vá a Fernando de Noronha, a Barcelona e à Austrália.Cuide bem dos seus dentes.

Experimente, mude, corte os cabelos. Ame. Ame pra valer, mesmo que ele sejao carteiro.

Não corra o risco de envelhecer dizendo "ah, se eu tivesse feito...

Vai que o carteiro ganha na loteria — tudo é possível, e o futuro é imprevisível.

Tenha uma vida rica de vida! Viva romances de cinema, contos de fada e casos de novela.

Faça sexo, mas não sinta vergonha de preferir fazer amor.

E tome conta sempre da sua reputação, ela é um bem inestimável.

Porque, sim, as pessoas comentam, reparam e, se você der chance, elasinventam também detalhes desnecessários.

Se for se casar, faça por amor.

Não faça por segurança, carinho ou status.

A sabedoria convencional recomenda que você se case com alguém parecidocom você, mas isso pode ser um saco!

Prefira a recomendação da natureza, que com a justificativa de aperfeiçoar os genes na reprodução, sugere que você procure alguém diferente de você.

Mas para ter sucesso nessa questão, acredite no olfato e desconfie da visão.

É o seu nariz quem diz a verdade quando o assunto é paixão.

Faça do fogão, do pente, da caneta, do papel e do armário, seus instrumentosde criação.

Leia, pinte, desenhe, escreva. E, por favor, dance, dance, dance até o fim, se não por você, o faça por mim.

Compreenda seus pais.

Eles te amam para além da sua imaginação, sempre fizeram o melhor quepuderam, e sempre farão.

Não cultive as mágoas — porque se tem uma coisa que eu aprendi nesta vida é que um único pontinho preto num oceano branco deixa tudo cinza.

Era só isso, minha querida. Agora é a sua vez.

Por favor, encha mais uma vez minha taça e me conte: como vai você? Como é grande o meu amor por vocês.

Para: Manuela e Giovanna

Se eu pudesse novamente viver a minha vida, na próxima trataria de cometer mais erros.

Não tentaria ser tão perfeito, relaxaria mais, seria mais tolo do que tenho sido.

Na verdade, bem poucas coisas levaria a sério. Seria menos higiênico. Correria mais riscos, viajaria mais, contemplaria mais entardeceres, subiria mais montanhas, nadaria mais rios.

Iria a mais lugares onde nunca fui, tomaria mais sorvetes e menos lentilha, teria mais problemas reais e menos problemas imaginários.

Eu fui uma dessas pessoas que viveu sensata e profundamente cada minuto de sua vida; claro que tive momentos de alegria.

Mas se eu pudesse voltar a viver, trataria somente de ter bons momentos.

Porque se não sabem, disso é feita a vida, só de momentos; não percam o agora.

Eu era um daqueles que nunca ia a parte alguma sem um termômetro, uma bolsa de água quente, um guarda-chuva e um pára-quedas e, se voltasse a viver, viajaria mais leve.

Se eu pudesse voltar a viver, começaria a andar descalço no começo da primavera e continuaria assim até o fim do outono.

Daria mais voltas na minha rua, contemplaria mais amanheceres e brincaria com mais crianças, se tivesse outra vez uma vida pela frente.

Ainda pior que a convicção do não e a incerteza do talvez é a desilusão de um quase. É o quase que me incomoda, que me entristece, que me mata trazendo tudo que poderia ter sido e não foi. Quem quase ganhou ainda joga, quem quase passou ainda estuda, quem quase morreu está vivo, quem quase amou não amou. Basta pensar nas oportunidades que escaparam pelos dedos, nas chances que se perdem por medo, nas ideias que nunca sairão do papel por essa maldita mania de viver no outono.

Pergunto-me, às vezes, o que nos leva a escolher uma vida morna; ou melhor não me pergunto, contesto. A resposta eu sei de cór, está estampada na distância e frieza dos sorrisos, na frouxidão dos abraços, na indiferença dos "bom-dia", quase que sussurrados. Sobra covardia e falta coragem até pra ser feliz. A paixão queima, o amor enlouquece, o desejo trai. Talvez, esses fossem bons motivos para decidir entre a alegria e a dor, sentir o nada, mas não são. Se a virtude estivesse mesmo no meio termo, o mar não teria ondas, os dias seriam nublados e o arco-íris em tons de cinza. O nada não ilumina, não inspira, não aflige nem acalma, apenas amplia o vazio que cada um traz dentro de si.

Não é que fé mova montanhas, nem que todas as estrelas estejam ao alcance, para as coisas que não podem ser mudadas, resta-nos somente paciência porém, preferir a derrota prévia à dúvida da vitória é desperdiçar a oportunidade de merecer. Pros erros há perdão; pros fracassos, chance; pros amores impossíveis, tempo. De nada adianta cercar um coração vazio ou economizar alma. Um romance cujo fim é instantâneo ou indolor não é romance. Não deixe que a saudade sufoque, que a rotina acomode, que o medo impeça de tentar. Desconfie do destino e acredite em você. Gaste mais horas realizando que sonhando, fazendo que planejando, vivendo que esperando porque, embora quem quase morre esteja vivo, quem quase vive já morreu.

Vai ser sempre nós, independentemente do problema que surgir para afrontar. Vai ser sempre eu por você e você por mim. Vai ter momentos que a gente vai achar que não vai dar certo. Vai ter sempre alguém a fim de nos ver separados. Vai ter sempre um ciúme bobo, um olhar meio torto e uma insegurança que nosfará achar que o amor está chegando ao fim. Vai ter sempre uma saudade no meio da semana e um desejo de largar tudo pra ter o seu abraço forte me protegendo de tudo. Vai ter sempre um desejo de ir pra longe contigo, um jantarzinho a dois ou até um podrão na esquina da sua casa, a real é que qualquer lugar se torna o melhor lugar quando eu tenho você do lado. Vai ter sempre um desejo de dormir e acordar com o seu sorriso largo e me dando aquele bom-dia que só você sabe dar. Vai ter sempre o melhor beijo guardado pra você e as melhores lembranças que me fazem ter a certeza de que é com você que eu quero viver mais uns duzentos anos. Vai ser sempre você, independente da distância, das circunstâncias e ocasião. Vai ser sempre por nós que eu lutarei até o fim. E mesmo quando você achar que vai ser melhor um ir pra cada canto, eu vou insistir, eu vou bater o pé, eu vou te fazer enxergar que é comigo que você precisa estar, e é por nós dois juntos que realmente vale o esforço. Vai ter sempre um obstáculo, uma chateação e algo que coloque à prova o que sentimos um pelo outro. Mas enquanto existir amor, pode contar que a gente vai além de tudo que planejamos até agora. Enquanto formos um complemento do outro não existirá risco de deixarmos de sermos um. Enquanto o nosso querer for o mesmo e a reciprocidade ser presente, nada e nem ninguém será capaz de destruir o que Deus traçou para nós.

Nada em mim foi covarde, nem mesmo as desistências: desistir, ainda que nãopareça, foi meu grande gesto de coragem.

Quando li essa frase, fiquei pensando....

Porque a gente sempre acha que desistir é para os fracos? Mas essa frase faz sentido...

Existem momentos em nossa vida, que é preciso parar para refletir e ser muitoforte para desistir.

Porque desistir a essa altura, implica um ato de muita coragem...

Ir contra sua vontade... Fazer uso da razão...

Implica em ser capaz de tomar a decisão certa, nem que isso doa na alma.

"Saber a hora de desistir é tão importante quanto lutar por aquilo que se ama, é deixar de iludir a si mesmo".

Sim, é preciso ter coragem, pra saber quando é o melhor momento de DESISTIR.

E o melhor momento pode ser agora!

A BELEZA DA DESISTÊNCIA

Desistência nunca foi sinônimo de fracasso, antes eu diria que é sinônimo de sabedoria. Sabedoria para estar atento ao termômetro natural que cada um carrega dentro de si e que indica para qual lado estamos pendendo: positivo ounegativo, triunfo ou ladeira abaixo, despretensão ou ego, uma vida saudável oua antecipação de uma cama de hospital, compaixão ou egoísmo, e nesse caso então, desistir se preciso for. Desistir de ser ignorante, desistir da antipatia, desistir de uma vida sedentária e não apenas fisicamente falando, mas tambémdo sedentarismo da alma, da inércia de praticar o bem, de sorrir para as pessoas na rua, de separar o lixo, de economizar a água, de buscar ser melhor, desistir do botão do automático.

Desistir não é feio, não é uma afronta, não é um delito. Feio é insistir por teimosia, feio é ultrapassar os próprios limites em nome de qualquer fator externo que prejudique o interno de cada um, feia é a falta de humildade parareconhecer onde se deve ou não persistir.

Quando afirmo que desistir é sábio é por saber que tantas vezes o mais viável seria continuar, "seguir o fluxo", "deixar a vida levar", fazendo tudo sempre igual, já que somos experts em repetições em série, robotizados com mecanismo de reprodução automática e por que não citar aquela velha máxima "Maria vai com as outras", já que apertar o replay no controle é mais confortável do que se prestar a criar uma nova trama.

Desistir é um ato heroico, revolucionário, audaz. Desistir é sinônimo de amor- próprio, de consciência. Desistir requer sensibilidade e compreensão, requer oestado presente de aqui-agora para saber a hora de começar, de terminar e derecomeçar novamente, quantas vezes for necessário. As coisas nem sempre terminam quando acabam, elas terminam como e quando tem que acontecer, bem como acontece com os começos, ninguém avisa a hora. Início e fim são aleatoriamente preestabelecidos, mas quem decide é você, e o que decreta o final é até onde você sentir que pode ir. Ali será o fim, e o novo começo também.

Um pequeno texto fazendo menção a lei do Equilíbrio, a lei do Dar e Receber.

PORQUE, ÀS VEZES, AS PESSOAS QUE AJUDAMOS, SENTEM RAIVA DE NÓS. Uma reflexão profunda sobre os sentimentos de quem dá e de quemrecebe.

Quando eu participava de um grupo em uma de uma casa espírita, todos os meses doávamos alimentos para compor cestas básicas que eram distribuídasàs famílias carentes da comunidade.

A cada mês, um grupo se encarregava de trazer arroz, outro, feijão e assim por diante, a fim de que se compusesse a cesta. Em determinado mês, coubeao meu grupo trazer café. Nada poderia ser mais simples: um quilo de café, não importava a marca.

No entanto, a coordenadora nos alertou: "Combinem entre vocês para trazeremapenas café em pó ou café solúvel. Porque as pessoas reclamam que receberam de um tipo e as outras de outro. Então, melhor que seja tudo igual".

Por muito tempo, refleti sobre isso. As famílias eram carentes, recebiam cestasde alimentos que com certeza supriam suas necessidades imediatas. Então, porque reclamavam? Afinal, não pagavam nada!

Um dia, me caiu nas mãos um livro, intitulado *Trapeiros de Emaús*.

Contava a história de uma comunidade iniciada por um padre, para pessoasque eram o que chamaríamos de "Sem Teto".

Um trecho me chamou a atenção. O padre contava suas experiências emcaridade.

Quando menino, ele costumava acompanhar seu pai que todos os meses, doava um dia de seu tempo para atender pessoas carentes. O pai era médico, mas como já havia quem atendesse às pessoas nesse setor, ele se dedicava acortar cabelos, profissão que também exercera.

O menino percebia que embora seu pai executasse seu serviço de graça e com amor, as pessoas reclamavam muito. Exigiam tal ou tal corte e, às vezes, quando iam embora, xingavam o pai porque não haviam gostado do corte.

Mas o pai tinha uma paciência infinita, tentava atender ao que lhe pediam e jamais revidava as ofensas, chegando até mesmo a pedir desculpas, quandoalguém não gostava do trabalho que ele realizara.

Então, um dia, o menino perguntou ao pai por que ele agia assim. E por que as pessoas reclamavam de algo que recebiam de graça, que não teriam de outra forma.

"Para essas pessoas, disse o pai, receber é muito difícil. Elas se sentem humilhadas porque recebem sem dar nada em troca. Por isso elas reclamam, é uma maneira de manterem a autoestima, de deixar claro que ainda conserva a própria dignidade".

"É preciso saber dar, disse o pai. Dar de maneira que a pessoa que recebe não se sinta ferida em sua dignidade".

Depois li um livro de Brian Weiss, em que ele contava que uma moça estava muito zangada com Deus. A mãe dela morrera, depois de vários anos de vida vegetativa, sendo cuidada pelos outros como um bebê indefeso.

"Minha mãe sempre ajudou os outros, nunca quis receber nada, não merecia isso", dizia ela.

Então, ela recebeu uma mensagem dos Mestres:

"A doença de sua mãe foi uma bênção. Ela passou a vida ajudando os outros, mas não sabia receber. Durante o tempo da doença, ela aprendeu. Isso era necessário para a sua evolução".

Depois de ler esses dois livros, comecei a entender a atitude das pessoas que reclamavam do que recebiam nas cestas básicas.

Comecei também a refletir sobre essa frágil e necessária ponte entre as pessoas que se chama "dar e receber".

Quando ajudamos alguém em dificuldade, quando damos alguma coisa a alguém que a necessita, seja material ou "imaterial", estamos teoricamente em posição de superioridade. Somos nós os doadores, isso nos faz bem e, às vezes, tendemos a não dar importância à maneira como essa ajuda é dada.

Por outro lado, quando somos nós a receber, ou nos sentimos diminuídos, ou recebemos como se aquilo nos fosse devido.

E quantas vezes fizemos dessa ponte uma via de mão única?

Quantas vezes fomos apenas aquele que dá, aparentemente com generosidade, mas guardando lá no fundo nosso sentimento de superioridade sobre o outro... Ou esperando sua eterna gratidão.

E recusamos orgulhosamente receber, porque "não precisamos de nada, nem de ninguém"... Ou porque temos vergonha de mostrar nossa fragilidade, como se isso nos fizesse menores aos olhos dos outros.

E quantas vezes fomos apenas aquele que tudo recebe, sem nada dar em troca, egoisticamente convencidos de nosso direito a isso...

A Lei é "dar com liberalidade e receber com gratidão", ensina São Paulo. Que cada um de nós consiga entender as lições de "dar e receber" e agradeça a Deus as oportunidades de aprendê-las.

Intenso é ser mais do que inteiro. Mais que completo. É ser transbordante. Abundante. Eu acho lindo quem não admite ser raso. Quem se entrega, se doa, quem faz e acontece. Quem encara um desafio só pelo gostinho, quem sai da plateia e vai ser jogador. Quem se joga e quem joga, até descalço. Não importando que faltem 10 minutos pra acabar a partida. Gosto de gente que enfrenta, que luta, que argumenta, que esgota até dizer eu conseguir. Admiro quem não se cala, quem tem palavras de sobra, quem inventa moda e não sossega. Gosto da bravura, da luta, da lágrima. Me encanto com pessoas e verdades inteiras, sem vírgulas, sem traços, sem "se". Gosto de firmeza. Nas promessas, palavras e apertos de mão. Os abraços, gosto mesmo daqueles deverdade, os generosos, os de faltar o ar, os quebra-costela. Rir até doer a barriga. Dançar até doer o pé. Experimentar, ousar, explorar, movimentar, mergulhar fundo na intensidade que é amar verdadeiramente. Intensidade aqui, meu caro, é prato cheio...

Tem características de uma flor, talvez, das mais raras, com cheiros que agradam a muitos (a outros não), mas que esse perfume poucos podem sentir(também tem seus espinhos, mas não necessita deles).

Sua textura não são todos que podem sentir, porém o certo aprecia mais que opermitido. Ela é como o céu, infinito, todos veem, mas cheia de mistérios, a poucos as histórias são reveladas, a muitos são apenas contadas.

Dependendo do seu ângulo, ela pode ser um tsunami invadindo-te para lhe marcar, pode ser uma tempestade onde jorra todas as suas emoções, na verdade, ela é todas as estações, sendo assim, você não corre o risco de partir.

Você pode ver ela do jeito que quiser, mas só ela pode lhe mostrar quem realmente é. Desconhece do raso, pra ela tudo tem que ser profundo, intenso,sem mais ou menos, tem que ser inesperado, mas provado, aliás sempre um pouco de loucura cai bem. Nunca foi de fingimentos e nunca precisou de ser quem não é. Aprecia o "ou vai ou racha", sempre foi e nunca rachou, desconhece do "se" e sempre investe no "é."

Gosta de ser apreciada e que descubram o que ela nem mesma sabia quetinha dentro de si. Ela quer um apreciador de jóias raras, daqueles que têm paciência de lhe lapidar e que, ao invés de reclamar, se diverta com seu jeitohilário de confundir-se e perder-se fácil no meio de uma conversa, daquelesque embalam em conversas sérias que ela transforma sempre em duplo sentido, daqueles que vive a vida sem ter medo de viver.

Ela é assim, intensa, complexa além do limite, romântica da maneira mais natural e fria do seu jeito, ama rir e chorar aliás são essas características que afaz cômica, não mede seus limites, o novo sempre deve ser descoberto, e não gosta de descobrir só, não é que seja dependente é que é gostoso demais ter uma mão pra: lhe segurar, acompanhar, viver, acariciar, amar. Enfim, ela é assim, tem muito mais a ser descoberto, mas somente quem for capaz descobrirá, então atreva-se ela oferece muito. Ela é assim e muito mais.

Nem as palavras mais bonitas deste mundo poderiam trazer algum tipo de alegria para o dia de hoje. A saudade conseguiu preencher todos os espaços das nossas vidas, inclusive aqueles que por algum motivo continuavam livres.

O vazio deixado pela ausência é imensurável com a pura certeza que jamais será novamente ocupado. Por mais que os segundos passem a dor não minimiza e a aquela incerteza de como será possível seguir em frente nos próximos dias, só complica ainda mais os pensamentos confusos que invadiram as nossas vidas.

Mas o pior de tudo isso é ter a certeza de que é preciso encontrar forças, mesmo que por dentro não consigamos acreditar que elas existem. Encontrar a esperança em um dia tão triste pode até ser improvável, mas nunca impossível. Apesar da dor e do sofrimento, não podemos ignorar que é realmente necessário seguir em frente.

A saudade será eterna e a presença não poderá mais ser sentida, mas as lembranças dos bons momentos vividos são um ótimo conforto, que permanecerá para sempre conosco. O tempo necessário para toda esta dor ir embora é ainda indeterminado, mas todos os dias em que a coragem de seguirem frente vencer a tristeza devem ser devidamente comemorados

Obrigada por fazerem parte da minha vida, são vocês que tornam a minha jornada de vida mais motivante, alegre e leve. Cada um de vocês tem uma importância singular em minha existência, cada um tem um papel importante em minha vida. Sem vocês a minha vida seria mais pobre.

Não gosto de ingratidão, não gosto de mentira, falsidade ou hipocrisia. Não gosto de gente metida, nem de gente que atua. Não gosto de gente orgulhosa d+, gente que se acha por seu corpo, por dinheiro... não gosto nem sequer degente burra. Não gosto de gente que se cala, de pessoas que tem medo de viver, nem daqueles que não prestam atenção nos outros, ou que se acham ocentro do mundo. Gosto de gente que sabe rir, de quem sente, e sente verdadeiro. Gosto de gente que sabe aproveitar a vida e sabe ser atenciosa. Gosto de quem tem o coração maior que a cabeça, mas sabe pensar. Gosto quando sussurram no ouvido, gosto quando surge aquele olhar, gosto quandobeijam, quando abraçam, admiro o sentimento de reciprocidade. Gosto de pessoas autênticas, pessoas batalhadoras... Gosto até das pessoas que magoam, mas aquelas que magoam por serem sinceras. Gosto que briguem comigo quando faço besteira... gosto mais ainda daqueles que amam, amam no sentido de amor, aqueles que amam verdadeiro, não dos que ficam em dúvida sobre oque sente, ou dos que amam dois, três ou quatro pessoas diferentes. Gosto de quem ama mesmo. Porque quem ama não tem dúvida... aproveita a vida, é autêntico e sabe rir. Quem ama é atencioso, sabe dar carinho e é verdadeiro, sente de verdade, e está sempre de bem com a vida.

Vivendo e aprendendo!

Um desvario. É disso que se trata. O amor é uma sandice. Um desvio do caminho de dor em que a vida mergulha de quando em vez. É isso, sim. No meio de tanta estupidez e medo e indiferença, vem alguém tomado de coragem, declara seu amor em voz alta e sai sorrindo um parque de diversões e seus carrosséis, rodas gigantes, montanhas russas.

O amor é a maior ousadia da vida. É quando ela, abusada que só, ignora a morte à espreita, realiza, avança, provoca, acontece. Quem ama quer acordarmais cedo e viver até tarde. Amar é se dar conta de que estamos vivos. É a intenção sagrada que nos põe sobre os pés de manhã, a saudade honesta, o trabalho de cada dia. É a noite, a lua e o susto de não estar mais só.

Amar é um desacato à autoridade dos pessimistas, mal amados, donos da verdade, descrentes da felicidade, vigias da vida alheia e toda torcida contra.Quem ama desobedece à lógica do um contra o outro, a fórmula do cada umpor si, o vício odioso do confronto.

Sentir amor é o absoluto inesperado em tempos de pré-disposição para a maldade. Quem tem bravura para dar e receber amor desafia a danação, a selvageria e a morte. Tomados de ímpeto amoroso, os amantes esquecem queum dia também vão morrer. E quando por acaso se lembram, repousa mansa em sua lembrança a certeza de que ao morrerem permanecerão vivos do outrolado, trabalhando pela eternidade de seu amor.

Tem gente que escolhe sofrer, penar, regar sentimentos daninhos, cultivar pragas que desgraçam o roçado aos poucos, em silêncio. Eu escolho viver. E oamor há de ser isso mesmo, quem sabe? O ofício de cuidar da vida. De plantas, flores, sonhos, pessoas, amar é cuidar bem da vida. Limpar-lhe as folhas, molhar a terra, fortalecer as raízes. Proteger, respeitar, servir. Florescer.

Noite dessas, do meio de sua solidão, alguém me escolheu para amar. Veio, tomou meu coração nas mãos e eu entreguei-lhe o resto. Agora, seguimos juntos, preparando nossa horta, planejando nossa obra. Rompendo firmes nossos transtornos. Construindo possibilidades, trabalhando pela vida que é boa agora e há de ser melhor amanhã.

Porque, afinal, quem ama não tem medo de trabalhar pelo amor. E o amor dátrabalho!

REGUE-SE... CUIDE-SE... FLORESÇA...

Ah! Que coisa boa é fazer amor... Mas não fazer amor assim à toa, precisa ser com a pessoa eleita, a escolhida,

Aquela que pra nós é a única,
Aquela que foi pra nós predestinada,
Fazer amor com a pessoa amada

É arte que transcende, é arte inconsciente. Preenche e enche o vazio da vida da gente!
Vai além do feio e do bonito,

É um grito de liberdade, ao infinito,
Transcendem a forma, a beleza, os ritos...Transcende todos os mitos

É ignorar conceitos, o certo, o que foi dito.
Fazer amor requer alma despida de evasivas
É entregar-se com o corpo e o coração inteiros,

É ocupar com a amada um só espaço,
E sem sair do compasso, trilhar o mesmo passo
Com inteireza de sentidos, abusando da ousadia

Enlouquecer a anatomia, ousar o até então inusitado,
Brincar, rir, usufruir e fluir...
Mostrar seu lado de amante apaixonado,

Soltar o ser numa leveza insustentável...
Mostrar que está feliz,

Dizer coisas repetitivas, mas gostosas.

Que só no amor não se tornam cansativas...Palavras com cheiro de madrugadas,
Gosto de marmelada, textura de seda pura.

Dar o abraço apertado na pessoa amada,É dizer tudo com gestos e gemidos,
Sem ter de dizer nada!

É sentir-se em outra dimensão.
É pôr nas carícias o coração,
É viver com densidade uma grande paixão,Sem segurar a emoção.

É perder o juízo, é não ter senso,
É viver com plenitude um momento
É torná-lo divino

É recebê-lo como um presente imensoPresente que vale mais que ouro...
Saber que tem nas mãos um enorme tesouro...

É dar o seu melhor pro seu amor
É saber que a alma eleita, mesmo que imperfeita nos acalma!

Faz-nos leve o coração e nos alegra a alma...
Ah! Coisa boa é fazer amor com a pessoa amada!

Encontrei descanso em você
Me arquitetei, me desmontei
Enxerguei verdade em você
Me encaixei, verdade eu dei
Fui inteira e só pra você
Eu confiei, nem despertei
Silenciei meus olhos por você
Me atirei, precipitei
Agora
Agora eu quero ir
Pra me reconhecer de volta
Pra me reaprender e me apreender de novo
Quero não desmanchar com teu sorriso bobo
Quero me refazer longe de você
Fiz de mim descanso pra você
Te decorei, te precisei
Tanto que esqueci de me querer
Testemunhei o fim do que era Agora
Agora eu quero ir
Pra me reconhecer de volta
Pra me reaprender e me apreender de novo
Quero não desmanchar com teu sorriso bobo
Quero me refazer
Eu que sempre quis acreditar
Que sempre acreditei que tudo volta
Nem me perguntei como voltar, nem o por quê
Agora eu quero ir, quero ir
Agora eu quero ir
Pra me reconhecer de volta
Pra me reaprender e me apreender de novo
Quero não desmanchar com teu sorriso bobo
Quero não desmanchar com teu sorriso bobo

Quero não desmanchar
Quero me refazer longe de você.

REGUE-SE... CUIDE-SE... FLORESÇA...

Se pudéssemos ter consciência do quanto nossa vida é efêmera, talvez, pensássemos duas vezes antes de jogar fora as oportunidades que temos de ser e de fazer os outros felizes.

Muitas flores são colhidas cedo demais. Algumas, mesmo ainda em botão. Hásementes que nunca brotam e há aquelas flores que vivem a vida inteira até que, pétala por pétala, tranquilas, lívidas, se entregam ao vento.

Mas nós não sabemos adivinhar. Nós não sabemos por quanto tempo estaremos enfeitando esse Éden e tampouco aquelas flores que foram plantadas ao nosso redor. E descuidamos. Cuidamos pouco. De nós e dosoutros.

Nos entristecemos por coisas pequenas e perdemos minutos e horas preciosas. Perdemos dias, às vezes, anos. Nos calamos quando deveríamos falar; falamos demais quando deveríamos ficar em silêncio.

Não damos o abraço que tanto pede nossa alma porque algo em nós impede essa aproximação. Não damos um beijo carinhoso, "porque não estamos acostumados com isso", e não dizemos que gostamos, porque achamos que ooutro sabe automaticamente o que sentimos.

E passa a noite e chega o dia, o sol nasce e adormece e continuamos os mesmos, fechados em nós. Reclamamos do que não temos, ou achamos quenão temos suficiente. Cobramos. Dos outros. Da vida. De nós mesmos. Nos consumimos.

Costumamos comparar nossas vidas com as daqueles que possuem mais que nós. E se experimentássemos comparar com aqueles que possuem menos?

Isso faria uma grande diferença!

E o tempo passa... Passamos pela vida, não vivemos. Sobrevivemos, porquenão sabemos fazer outra coisa. Até que, inesperadamente, acordamos e olhamos para trás. E então nos perguntamos: e agora?!

Agora, hoje, ainda é tempo de reconstruir alguma coisa, de dar o abraço amigo, de dizer uma palavra carinhosa, de agradecer pelo que temos. Nunca se é velho demais ou jovem demais para amar, dizer uma palavra gentil ou fazer umgesto carinhoso.

Não olhe para trás. O que passou, passou. O que perdemos, perdemos. Olhepara frente! Ainda é tempo de apreciar as flores que estão inteiras ao nosso redor. Ainda é tempo de voltar-se para dentro e agradecer pela vida, que mesmo efêmera, ainda está em nós.

O destino é uma questão de escolha. Leia de novo a frase... Entendeu? Largue de indecisão! Uma das coisas mais importantes e fundamentais da vida é entender a dimensão e importância das nossas escolhas, pois elas coordenarão todos os meios de nossa vida social, comportamental e até biológica. Porém costumamos adiar decisões e corromper nosso instinto maior por medo de perder. Perder o quê, nesta efêmera vida, pelo amor de Santa Gertrudes??? O medo palpita sempre a alma antes das maiores decisões de nossas vidas. Revoluções que geram evoluções. É a lei. Quanto mais difícil, mais mérito. Aí perguntamos: "Ir ou ficar?" "Dar o passo ou não?" "Arriscar ou não?". E por fim questionamos: "E se der errado?" Pronto: colapsamos no que não controlamos e produzimos muitas vezes a paralisia de talvez conseguir tudo que nós queríamos. A incerteza então paralisa a nossa oração — e não sabemos o que pedir! Quer dizer: saber, sabemos, mas não sabemos se devemos! Que confusão... Vamos, então, refletir:

A decisão é uma forma de rezar, de entregar ao universo o eterno "seja feita a vossa vontade". Não há garantias em nada. Depositar a felicidade no outro é quebrar a cara em parcelas cruéis cobradas avidamente. Você tem que perder o medo de dar "errado". Nada dá errado sempre, a vida é rara... E Amores não podem esperar o dia amanhecer. A dor de não decidir com certeza vai ser pior do que a de não ter tentado. Não tente ser feliz depositando isso totalmente na sua escolha, mas seja feliz pela sua escolha ter sido a sua verdade. Se fosse escolher entre alternativas as decisões seriam fáceis. Mas a decisão verdadeira pede que você formule as alternativas. O escultor que pode dar a forma é unicamente você.

E agora, está mais pronto para decidir de vez? Você deve dizer: agora que quero decidir vou me reunir bastante para afinar a ideia. Nãooooooooo. As reuniões são indispensáveis quando não se quer decidir nada! O presente é o momento da escolha e da ação. Ruminar passado e sofrer antecipado pelo futuro enfraquece e corrompe o óbvio. E você vai encontrar mais uma desculpa para não fazer, e sofrer, e sofrer. Existem todas as possibilidades — a mais absoluta liberdade de escolha é sua, como em um livro, no qual cada letra permanece para sempre na página, mas o que muda é a própria consciência que escolhe o que ler e o que deixar de lado. E entenda, se sua dúvida for por amor, anote na sua alma: No amor não existe má escolha. Você nunca vai errar por amor!!! Lembrei de Einstein que disse algo como: "Se um dia tiver que escolher entre o mundo e o amor... Lembre-se: se escolher o mundo ficará sem o amor, mas se escolher o amor com ele você conquistará o mundo".

A decisão é um "eu te amo e vamos lá" que pode tudo diante dum beijo e supera as inúmeras horas desbeijadas, os terríveis desabraços, os dolorosos desencaixes que os corpos ligados pelo céu sofreram longe um do outro. Na decisão nada começa de novo, mas muito muda. Nada volta, mas tudo vem. Não tenha medo de se olhar no espelho e decidir pelo que está nesta sua carasafada. É nos momentos de decisão que o seu destino é traçado. Pois o seu destino é uma questão de escolha. Você decide agora.

Do amor, conheci todas as ausências, todas as tolerâncias e todas as minhas carências!

No amor, descobri todas as harmonias, todas as fantasias e todas as suas alegrias!

Do amor, eu encontrei toda a solidão, toda a paixão e toda a minha salvação!

No amor, distingui todos os prazeres todos os dizeres e todos os seus deveres.

Do amor, eu conheci todos os queixumes, todos os seus perfumes, todos os meus Ciúmes!

No amor eu vivi todos os delírios,E todos os martírios

Todos os beijos e todos os nossos desejos!

No amor, derramei todas as lágrimas, declarei todas as máximas!

Também encontrei todas as florescom todos os seus odores!

No amor, deparei com todos os mistérios e todos os seus critérios!

E todos eu levei, apaixonadamente, a sério!

Do amor desvendei todas as mágicas, usei todas as táticas e descobri todas as cartas enigmáticas!

No amor, encontrei toda a ternura, toda a candura e todas as suas Desventuras!

No amor, encontrei toda a riqueza, toda a leveza e toda a sua pureza!

Do amor, percebi toda a sua magnitude, toda a sua juventude e toda a sua Inquietude!

No amor, eu encontrei todos os sabores, todos os calores e todos os dissabores...

No amor, busquei tudo que ele nos traz; todo bem que ele nos faz...

E de todo o seu Universo, descobri no amor a alma satisfaz!

Quando encontrar alguém e esse alguém fizer seu coração parar de funcionar por alguns segundos, preste atenção: pode ser a pessoa mais importante da sua vida.

Se os olhares se cruzarem e, nesse momento, houver o mesmo brilho intenso entre eles, fique alerta: pode ser a pessoa que você está esperando desde o dia em que nasceu.

Se o toque dos lábios for intenso, se o beijo for apaixonante e os olhos se encherem d'água nesse momento, perceba: existe algo mágico entre vocês.

Se o primeiro e o último pensamento do seu dia for essa pessoa, se a vontade de ficar juntos chegar a apertar o coração, agradeça: Deus lhe mandou um presente: O AMOR.

Por isso, preste atenção nos sinais — não deixe que as loucuras do dia a dia odeixem cego para a melhor coisa da vida: O AMOR.

REGUE-SE... CUIDE-SE... FLORESÇA...

O choro secou. Um outono doce impera com seu aconchego de amor e lucidez, suaves. E esse abraço aveludado que chegou repentinamente, num calorzinho de cuidados e curas. Não restam mais feridas. A dor perdeu seu lugar na minha rotina e foi procurar outros rumos. Tenho novos sonhos e um sono novo e profundo. Suavemente tudo mudou de ritmo e celebrei o tempo de cada novo passo. A princípio tive tanta ansiedade, porque tudo parecia um turbilhão, mas de que adianta tentar pular aprendizados? Se é de poesia que o poeta precisa, vamos a ela e não mais à repetição de uma melancolia eterna e bem aprimorada. Chuva e sol, calor e frio: eis o equilíbrio da vida. Se eu nasci com o sorriso mais largo do mundo, não vou entristecer o meu olhar, nem anestesiar minha alegria. O choro secou. Já era tempo de prestar mais atenção em outras cores, promover como prediletas outras flores e entrar no mar sem medo, furando a onda com respeito e repetindo a cena com entrega e confiança.

Nada ficou fragmentado. Saí inteira e o amor em mim transborda: pele aceitando carícia, olhar brilhando com a menor das delícias. O toque é novo e a respiração tranquila. Às vezes, ainda ofego um pouco, mas quem disse que artista nasceu para sentir pouco? Importante agora é que o choro secou. Antes, o meu pranto era cego. Tive que olhar longamente no espelho pra saber o que ainda poderia resgatar de mim. Não quis nada do que restou, quis o meu sorriso novo, minhas portas abertas e a vontade de saltar novamente no desconhecido. E hoje eu só choro se for de alegria.

O choro secou. Uma doce qualquer estação impera com seu aconchego de amor e lucidez, suaves. E esse abraço aveludado que chegou repentinamente, num calorzinho de cuidados e curas. Não restam mais feridas. A dor perdeu seu lugar na minha rotina e foi procurar outros rumos. Tenho novos sonhos e um sono novo e profundo. Suavemente tudo mudou de ritmo e celebrei o tempo de cada novo passo. A princípio tive tanta ansiedade, porque tudo parecia um turbilhão, mas de que adianta tentar pular aprendizados? Se é de poesia que o poeta precisa, vamos a ela e não mais à repetição de uma melancolia eterna e bem aprimorada. Chuva e sol, calor e frio: eis o equilíbrio da vida. Se eu nasci com o sorriso mais largo do mundo, não vou entristecer o meu olhar, nem anestesiar minha alegria. O choro secou. Já era tempo de prestar mais atenção em outras cores, promover como prediletas outras flores e entrar no mar sem medo, furando a onda com respeito e repetindo a cena com entrega e confiança. Nada ficou fragmentado. Saí inteira e o amor em mimtransborda: pele aceitando carícia, olhar brilhando com a menor das delícias. Otoque é novo e a respiração tranquila.

    Às vezes, ainda ofego um pouco, mas quem disse que artista nasceu para sentir pouco? Importante agora é que o choro secou. Antes o meu pranto era cego. Tive que olhar longamente no espelho pra saber o que ainda poderia resgatar de mim. Não quis nada do que restou, quis o meu sorriso novo, minhas portas abertas e a vontade de saltar novamente no desconhecido. E hoje, eu só choro se for de alegria. Vamos! Um novo dia começou...

Não devemos lamuriar as escolhas que não nos inclui.

As escolhas focadas naquilo alheio ao que oferecemos não pode merecer onosso pranto.

Neste mundo efêmero e passageiro, em que a maioria das pessoas se prendemaos subterfúgios da posse, muitas vezes, a essência não consegue exalar.

Devemos ser inteiros sempre e se não puderam nos sentir como substância elementar, talvez, não nos mereciam.

É preciso ser o necessário e, jamais, ter o necessário para tentar atrair assutilezas desta vida.

Por isso, sejamos, pois ter sem a essência sublime do ser é sofrimento puro.

Tudo o que lhe peço, Tempo, é que me salve do meu coração. Dessa entrega absurda de ir até o outro e me deixar sem mim. O que lhe peço, Tempo, é o caminho do meio. Aprender a receber antes de me entregar. Ver além. Peço que me devolva a mim mesma. Que eu me reconheça e me acolha. Me aqueça em meus buracos escuros e definitivamente me toque. Que eu saiba cuidar somente do que me cabe. E deixe ir. E deixe vir. Natural, inteira e suavemente. Que a vida me encontre distraída, sem a ânsia de buscar o que não sei. O que não vale. O que não é. O que lhe peço, Tempo, é a aceitação do tempo e da vida como ela é. Sei que ela me aguarda plena e legítima. Mostre a ela o caminho até mim. Enquanto isso, me adormeça em paz até que a verdade me alcance como um beijo. Tire de mim essa ânsia de ser feliz, inverta a ordem das coisas e assopre no ouvido da alegria o momento de me capturar sem volta. Que eu me aquiete na paz do merecimento, sem dar um passo ou um pio. Que apenas contemple. Que eu resista à tentação de correr para o que ainda não está pronto. Que eu me apronte para a surpresa de um dia simples. Que eu acorde como quem nasce.

Eu não sou descartável, você é?

As pessoas não por serem más, mas imbuídas do desejo de satisfazerem desejos momentâneos, têm tido o péssimo costume de usarem os outros. Seja por carência, admiração, lascívia ou qualquer outra coisa que seja atraente para si no momento. Se importam como o outro vai se sentir ao ser descartado? Não, não mesmo. O que vale é ser feliz, é satisfazer um capricho, e que se dane o outro. E assim vai se formando um imenso contingente de lâminas.

Atualmente, as pessoas se relacionam com o outro ser, como se ele fosse um sabonete, no começo, o banho é muito prazeroso, se deleitando com ele, a sua maciez atrai, o seu perfume seduz; com o passar do tempo o aroma não o inebria mais, e já é o momento de descartar, buscar outra novidade, atrativo...

A era dos descartáveis não se contenta, em apenas, usufruir dos bens, dos apetrechos demasiadamente, depois expurgá-los rapidamente; ela se estende, permeando de uma forma impactante e insana, os relacionamentos pessoais, amorosos; o outro ser é a sombra do prazer, e não a real fonte de conhecimento, de amizade, de amor, de respeito e de dignidade.

Não simpatizo com sentimentos descartáveis, amizades por conveniência, felicidades ilusórias e meias verdades. Isso para mim são atitudes sem valor que não me convencem. Talvez, me chamem antiquada, mas certas coisas do mundo moderno não me convencem, infelizmente, só me abrem os olhos para que eu enxergue o quanto regredimos. Coisas descartáveis eu até aceito, mas pessoas que descartam as outras e seus sentimentos sem fazer cerimônia têm um oco no lugar do coração e nunca serão dignas da verdade que existe dentro de certas pessoas...

Simpatizo com corações que sentem e demonstram, olhos que enxergam além do aparente e que choram quando o sentimento não cabe no peito. Simpatizo com quem, apesar de estar na modernidade, não tem medo de ser humano e de demonstrar toda a sua humanidade...

Demonstre seu amor hoje, como se você estivesse numa despedida.

Fale com as pessoas de tal modo que elas guardem de você as palavras mais ternas.

Não perca a oportunidade de mostrar seu afeto a cada pessoa que cruzar oseu caminho hoje.

Não adie o amor, não adie o sorriso, o olhar de candura, a boa palavra, o abraço caloroso, o beijo de ternura, porque ninguém sabe se amanhã reencontraremos essas pessoas.

Um dia sem amor é um dia perdido! E um dia que não volta mais!

Somos espíritos imortais, mas a experiência na Terra tem prazo de validade. E ninguém sabe quando esse prazo expira.

Quando sentir vontade de chorar, me chame, que eu venho chorar com você. Quando sentir vontade de sorrir, me avise, que eu venho para sorrirmos juntos.Quando sentir vontade de amar, me chame, que eu venho amar você.

Quando você sentir que tudo está acabado, me chame, que eu venho te ajudara reconstruir. Quando você achar que o mundo está grande demais para tua tristeza, me chame, que eu faço ele pequeno para tua felicidade.

Quando você precisar de companhia, naqueles dias nublados e tristes, ou nos dias lindos e ensolarados, me avise, que eu venho te fazer companhia. Quandovocê estiver precisando ouvir alguém dizer "Te Amo", me avise, que eu venho dizer a você a qualquer hora.

E quando você não precisar mais de mim, me diga, pois o meu amor por vocêé imenso, mas mesmo assim eu simplesmente irei embora.

Em um mundo que vende perfeição, SER de VERDADE é quase sinônimo de sofrimento e fracasso. Quanta dificuldade temos em lidar com as nossas dores, falhas, fragilidades... Em admitir para si mesmo que algo não esta bom, que necessita de auxílio, de mudança.

A busca constante pela perfeição, tem exigido de muitas pessoas uma alienação do sentir, do aceitar e acolher tudo que se passa dentro de si. Afinal, a sociedade impõe que precisamos ser fortes e dar conta de tudo sempre. Comisso, a mensagem que você emana pra si é que pouco importa se você está bem ou não, você precisa continuar executando tudo como idealizou, como sempre fez, demonstrando que está tudo certo. TODOS nós temos faltas e falhas. Dias bons e outros não tão bons assim. Aceitar nossas vulnerabilidades não significa ser fraco e, sim, humano.

Não acredite nas vidas perfeitas que são expostas por aí.

Todos tem seus altos e baixos. Todos tem habilidades que precisam de desenvolvimento, e tudo bem... Isso não faz a pessoa ser melhor. Busque por uma vida com sentido e satisfação. Mas entenda, que nem todos os dias você vai conseguir ter ação/motivação para se dispor a isso. E tudo bem, amanhã será outro dia para você tentar fazer diferente. A vida perfeita não existe. Graças a Deus!

Súplica

Agora que o silêncio é um mar sem ondas,
E que nele posso navegar sem rumo,
Não respondas
Às urgentes perguntas
Que lhe fiz.
Deixa-me ser feliz
Assim,
Já tão longe de ti, como de mim.

Perde-se a vida, a desejá-la tanto.
Só soubemos sofrer, enquanto o nosso amor durou.
Mas o tempo passou,
Há calmaria...
Não perturbes a paz que me foi dada.
Ouvir de novo a tua voz, seria matar a sede com água salgada.

Chega uma hora que tudo cansa. Aliás, não sei se cansaço define com clareza o que eu sinto hoje. Sabe o dia que nem a sua própria voz você quer escutar? Então... é hoje! Mas eu parei pra pensar e preferi escutar a minha voz de dentro. Ela é mais agradável, quase não faz barulho. E quando faz, ninguém escuta. Eu não deixo ninguém ouvir. Tô num dia pra mim. Cansei dessa rotina monótona. Odeio rotina. Tô num dia que até notícias boas não me fazem querer ouvir meus próprios gritos de felicidade. Tô num dia triste. Ou será porque está tarde e eu preciso dormir para acordar num dia melhor amanhã? Eserá verdade mesmo essa esperança que se cria do "dia melhor no dia seguinte"? Ontem também dormi na esperança de um dia melhor, mas hoje elenão veio. Hoje, eu tô sei lá, num dia pra mim. Boa noite, e se amanhã for melhor, largo essa ideia do "dia pra mim".

Estou cansada!

Cansada de ter que, às vezes, ser o que não sou para agradar as pessoas.

Cansada de sorrir quando sinto uma enorme vontade de chorar, chorar até extravasar ou secar minhas lágrimas, que luto para que não inundam o meurosto, por achar que não se vale a pena.

Cansada de fingir sentir o que não sinto e tantas vezes fingi apenas paraagradar aqueles que nunca se importaram em saber se estavam me agradando.

Cansada de dizer palavras sinceras tão sinceras que mesmo assim foram duvidadas não acreditadas ou simplesmente jogadas no lixo ou debochadas, acima dessa sinceridade fora massacradas por certos convencimentos, esnobismo e mania de grandeza.

Cansada! De ouvir e nunca ser ouvida com a mesma atenção, com a mesma paciência, na maior boa vontade que eu, quantas vezes, sem que pudessem ver a tristeza que se estampava em meus olhos por achar que devia ter feito mais ou quando achava que havia fracassado em ajudar quem tanto precisavada minha ajuda. Para depois ganhar um beijo, o beijo da traição da falsidade, da mediocridade, o beijo que arde e machuca.

Cansada! De viver brincando fazendo brotar sorrisos dos lábios das pessoas ou arrancando boas gargalhadas e ser tachada de engraçada, sempre com as mãos no coração das pessoas amenizando a suas dores, fazendo-as esquecer por um momento com esse meu jeito louco de ser o seu desespero, suas solidão, depressão e fracassos ou mesmo a dores do amor a dor da rejeição oua dor da doença, para depois virem com palavras ásperas, duras, amargas, frias.

Ouve, sim, várias vezes que pensei que estava sentindo outra vez o amor, mas não, era apenas uma ilusão uma paixão que como num passe de mágica acaba da mesma forma que veio, termina-se bem ou acaba-se muito mal mas... simplesmente acaba.

Cansada! De pessoas que não me conhecem não convivem comigo, nunca meviram, dizer que fiz ou disse isso ou aquilo e, na hora da satisfação, a pessoa simplesmente coloca uma cara de anjo e tira o corpo fora para não se afogar em suas próprias acusações, sem ter como se defender esquece-se da educação ou fingi esquecer sem nem um pedido de desculpas de ambas as partes a que disse a que acreditou, simplesmente somem e se calam assustadoramente em uma atitude covarde.

Quando fico triste eu me sinto inapropriada. Talvez, aconteça contigo. Não bastassem todos os sentimentos dolorosos destas nossas tristes intermitentes, ainda tem a culpa de não estar fazendo a coisa certa. Sim, é muito errado ficar triste em nossos dias. Andei lendo nos jornais e nas revistas. Vi também em uns livros e na TV. Se procurar, até no YouTube você vai achar. É proibido.

Como ombreiras para mulheres ou meias coloridas e salto alto. Proibido comodescombinar cinto e sapato. Ok, não é tão proibido assim a não combinação, mas você fica fora da moda e estar fora da moda não é legal, não é adequado, entende?

Então, como eu ia dizendo, a moda agora é ser feliz. Tudo bem você não ser de verdade, mas não pode, de jeito nenhum, deixar alguém saber disso. O correto a se fazer é arrumar seu melhor sorriso, fotografar, postar e depois voltar a sofrer com sua dor, pois o mundo não quer saber de pessoas que não sejam felizes. O tempo todo, no caso. Viu como é que tenho razão em me sentir inapropriada? É que alguém, em algum momento, determinou que só a felicidade existe e se você fica triste é cafona, desajeitado, derrotado e ingrato também. E sabe como é, eu fico triste de vez em quando.

Desconfio que mais gente fica, mas não me deixa saber. A vida tem dessas coisas, um dia feliz, outro triste, uma semana boa, outra nem tanto. Mas estabeleceu-se que não, não pode haver outro estado que não o de perene felicidade e êxtase. Acho que andaram mentindo pra mim e essa euforia contínua é mesmo impossível, o que, no caso, me deixa mais inadequada ainda. Não que eu queira exibir minha cara triste e chorosa para o mundo. Não! Só não quero ter que mentir também fazendo parecer que sou feliz o tempo todo, o que não sou. Não sou mentirosa, aliás.

Quando eu aceito minha tristeza, minhas pequenas ou grandes dores, eu saio daquela flutuação cinematográfica, encaro meu tamanho no mundo, minha fraqueza e necessidade de algo maior que eu, que corro o risco de esquecer quando estou muito muito achando feliz. Daí insignificante me descubro correndo para os braços do único que pode me elevar o nível, o humor, o sentimento. Não que você precisa ficar sempre triste para O encontrar, mas eu preciso de umas quedas para deixá-Lo me levantar. Sabe como é...

Só que neste nosso mundinho de aparências, incertezas e incoerências, só se dá valor a quem tem jeito de feliz — mesmo não sendo — e cada um com suas dores vai se afundando nuns cantinhos, envergonhados de sua tristeza inadequada. Coisa chata essa. Ué, se não vivo num mundo perfeito — ainda! — por que raios é que eu teria que ser perfeitamente feliz o tempo todo? Para sempre não existe! Vamos todos os dias fazer o possível... Um dia de cada vez! Aí, sim!

Comecei a existir...

Mas várias vezes me dou conta de minha existência. Logo, nasci várias vezes.

Estou nascendo agora mesmo. E você?

Escolher viver em paz, estar em paz consigo mesmo. É não deixar o barulho da cabeça do outro te influenciar, te perturbar, te tirar a paz. O Outro que se virecom suas neuras, com suas críticas e engula suas opiniões. Não se deixe perturbar. Escolha sempre o melhor pra você, dê sempre o melhor de você. O barulho dos outros não devem impedir sua jornada, seu brilho... Mande guardar pra eles o que pensam, o que querem, queira você. E siga o que quer sendo sempre melhor, fazendo o seu melhor. Conseguimos essa paz quando conseguimos ver, enfrentar nossas verdades, assumir nossos fracassos, encarar de frente que não somos perfeitos e buscar sempre nos melhorar.

Estar sempre em paz e dar paz a quem está à nossa volta. Eis a meta.

Para a mulher que um dia eu fui:

Te eximo de toda a culpa por ter confiado naqueles que nada sabiam sobrehonestidade, caráter, coragem, verdade e, principalmente, Amor.

Também te perdoo por saber de tudo isso e, não obstante, escolher continuar.Te perdoo por ter sido magoada e por magoar.

Por mentir e prosseguir com certas mentiras, só para se safar do desconforto que é encarar a verdade da vida.

Te perdoo por fazer más escolhas que renderam boas lições.

Da amizade ao beijo na boca, você aprendeu que pode brigar por todo mundo, mas nem todo mundo vale a briga.

Te perdoo por negligenciar seu precioso espaço e a sua saúde emocional porconta daqueles que jurou amar: você sempre teve essa desastrosa mania de querer abraçar o mundo, mas esqueceu de dar as mãos a você mesma.

Te perdoo pela dor que causou ao seu corpo-casa, tão belo corpo.Do magro ao curvilíneo, eu te perdoo por tanta insatisfação.

Te perdoo pelas noites mal dormidas, do desafeto às madrugadas festivas, ficofeliz que tenha enxergado o vazio que falsas companhias lhe causavam.

Do perdoar ao se perder, desejo a ti, mulher que um dia fui, que continue a nunca se arrepender de cada passo da tua jornada. Compreenda que, de cada decisão, nasce uma flor de sabedoria.

Você é uma linda história cheia de bons aprendizados e, nos contos de fada, vai ser sempre a mulher que tinha bom coração e sabia exatamente o tamanhodos monstros que ia enfrentar, quando os convidava pra entrar na sua vida.

Um bom, incompreendido e selvagem coração.

Que você faça cada vez menos sentido para aqueles que não sabem sentir.O perdão é um exercício e a cura mora no seu viver.

Podemos acreditar que tudo que a vida nos oferecerá no futuro é repetir o que fizemos ontem e hoje. Mas, se prestarmos atenção, vamos nos dar conta de que nenhum dia é igual a outro. Cada manhã traz uma benção escondida; umabenção que só serve para esse dia e que não se pode guardar nem desaproveitar. Se não usamos esse milagre hoje, ele vai se perder. Esse milagre está nos detalhes do cotidiano; é preciso viver cada minuto, porque ali encontramos a saída de nossas confusões, a alegria de nossos bons momentos, a pista correta para a decisão que tomaremos. Nunca podemos deixar que cada dia pareça igual ao anterior, porque todos os dias são diferentes, porque estamos em constante processo de mudança.

"Amigos são a família que a vida nos permite escolher".

Se eu tivesse que escolher uma palavra apenas uma para ser item obrigatóriono vocabulário da mulher de hoje, essa palavra seria um verbo de quatro sílabas: descomplicar.

Depois de infinitas (e imensas) conquistas, acho que está passando da hora deaprendermos a viver com mais leveza: exigir menos dos outros e de nós próprias, cobrar menos, reclamar menos, carregar menos culpa, olhar menos para o espelho. Descomplicar, talvez, seja o atalho mais seguro para chegarmos à tão falada qualidade de vida que queremos e merecemos ter.

Mas há outras palavras que não podem faltar no kit existencial da mulher moderna. Amizade, por exemplo. Acostumadas a concentrar nossos sentimentos (e nossa energia...) nas relações amorosas, acabamos deixando as amigas em segundo plano. E nada, mas nada mesmo, faz tão bem para uma mulher quanto a convivência com as amigas. Ir ao cinema com elas (quegostam dos mesmos filmes que a gente), sair sem ter hora para voltar, compartilhar uma caipivodca de morango e repetir as histórias que já nos contamos mil vezes — isso, sim, faz bem para a pele. Para a alma, então, nemse fala. Ao menos uma vez por mês, deixe o marido ou o namorado em casa,prometa-se que não vai ligar para ele nem uma vez (desligue o celular, se for preciso) e desfrute os prazeres que só uma boa amizade consegue proporcionar.

E, já que falamos em desligar o celular, incorpore ao seu vocabulário duas palavras que têm estado ausentes do cotidiano feminino: pausa e silêncio. Aprenda a parar, nem que seja por cinco minutos, três vezes por semana, duasvezes por mês, ou uma vez por dia não importa e a ficar em silêncio. Essas pausas silenciosas nos permitem refletir, contar até 100 antes de uma decisão importante, entender melhor os próprios sentimentos, reencontrar a serenidadee o equilíbrio quando é preciso.

Também abra espaço, no vocabulário e no cotidiano, para o verbo rir. Não há creme anti-idade, nem botox que salve a expressão de uma mulher mal-humorada. Azedume e amargura são palavras que devem ser banidas do nosso dia a dia. Se for preciso, pegue uma comédia na locadora, preste atenção na conversa de duas crianças, marque um encontro com aquela amigaengraçada, faça qualquer coisa, mas ria. O riso nos salva de nós mesmas, cura nossas angústias e nos reconcilia com a vida.

Quanto à palavra dieta, cuidado: mulheres que falam em regime o tempo todocostumam ser péssimas companhias. Deixe para discutir carboidratos e afins no banheiro feminino ou no consultório do endocrinologista.

Nas mesas de restaurantes, nem pensar. Se for para ficar contando calorias, descrevendo a própria culpa e olhando para a sobremesa do companheiro de mesa com reprovação e inveja, melhor ficar em casa e desfrutar sua salada de alface e seu chá verde sozinha.

Uma sugestão? Tente trocar a obsessão pela dieta por outra palavra que, essa sim, deveria guiar nossos atos 24 horas por dia: gentileza. Ter classe não é usar roupas de grife: é ser delicada. Saber se comportar é infinitamente maisimportante do que saber se vestir. Resgate aquele velho exercício que anda esquecido: aprenda a se colocar no lugar do outro e trate-o como você gostaria de ser tratada, seja no trânsito, na fila do banco, na empresa onde trabalha, em casa, no supermercado, na academia.

E, para encerrar, não deixe de conjugar dois verbos que deveriam ser indissociáveis da vida: sonhar e recomeçar. Sonhe com aquela viagem ao exterior, aquele fim de semana na praia, o curso que você ainda vai fazer, a promoção que vai conquistar um dia, aquele homem que um dia (quem sabe?) ainda vai ser seu. Sonhe até que aconteça. E recomece, sempre que for preciso: seja na carreira, na vida amorosa, nos relacionamentos familiares. A vida nos dá um espaço de manobra: use-o para reinventar a si mesma.

E, por último (agora, sim, encerrando), risque do seu Aurélio a palavra perfeição. O dicionário das mulheres interessantes inclui fragilidades, inseguranças, limites. Pare de brigar com você mesma para ser a mãe perfeita, a dona de casa impecável, a profissional que sabe tudo, a esposa nota mil.

Acima de tudo, elimine de sua vida o desgaste que é tentar ter coxas sem celulite, rosto sem rugas, cabelos que não arrepiam, bumbum que encara qualquer biquíni. Mulheres reais são mulheres imperfeitas. E mulheres que seaceitam como imperfeitas são mulheres livres. Viver não é (e nunca foi) fácil, mas, quando se elimina o excesso de peso da bagagem (e a busca da perfeição pesa toneladas), a tão sonhada felicidade fica muito mais possível.

A vida não pode ser economizada para amanhã.

Tu vais andando com a tua xícara de café... E de repente alguém te empurra fazendo com que tu derrames café por todo o lado.

Por que tu derramaste o café? Porque alguém me empurrou!

✓ Resposta errada!

Derramaste o café, porque tu tinhas café na caneca. Se tu tivesse chá... Tu terias derramado chá.

O que tu tiveres na xícara é o que vai se derramar.

Portanto... Quando a vida te sacode, o que tiveres dentro de ti... Tu vais derramar.

Tu podes ir pela vida fingindo que a tua caneca é cheia de virtudes, mas quando a vida te empurrar, tu vais derramar o que na verdade existir no teu interior.

Sempre sai a verdade à luz.

Então, terás que perguntar a si mesmo. O que há na minha caneca? Quando a vida ficar difícil... o que eu vou derramar?

Alegria... Agradecimento... Paz... Bondade... Humildade? Ou raiva... Amargura... Palavras ou reações duras?

Tu escolhes!

Agora... Trabalha em encher a tua caneca com gratidão... Perdão... Alegria... Palavras positivas e amáveis... Generosidade... E amor para os outros.

O que estiver na tua caneca, tu és o responsável. E olha que a vida sacode.

Às vezes, sacode forte.

Sacode mais vezes do que podemos imaginar...

Eu sou os lugares que conheço, as pessoas que amo. Eu sou as orações que faço, as cartas que recebo, os sonhos que tenho. Eu sou as decepções por que passei, as pessoas que perdi, as dificuldades que superei. Eu sou as coisas que descobri, as lições que aprendi, os amigos que encontrei. Eu sou os pedaços de mim que levaram, os pedaços de alguns que ficaram, as memórias que trago. Eu sou as cores que gosto, os perfumes que uso, as músicas que ouço. Eu sou os beijos que dei, sou aquilo que deixei e aquilo que escolhi. Eu sou cada sorriso que abri, cada lágrima que caiu, cada vez que menti. Eu sou cada um dos meus erros, cada perdão que não soube dar, cada palavra que calei. Eu sou cada conquista alcançada, cada emoção controlada, cada laço que criei. Eu sou cada promessa cumprida, cada calúnia sofrida, a indiferença que se formou. Eu sou o braço que poucas vezes torceu, a mão que muitas outras se estendeu, a boca que não se calou. Eu sou as lembranças que tenho, os objetivos que traço, as mudanças que sofrerei. Eu sou a infância que tive, sou a fé que carrego e o destino que reinventei.

Não exija dos outros o que eles não podem lhe dar, mas cobre de cada um a sua responsabilidade. Não deixe de usufruir o prazer, mas que não faça mal a ninguém. Não pegue mais do que você precisa, mas lute pelos seus direitos.

Não olhe as pessoas só com os seus olhos, mas olhe-se também com os olhos delas. Não fique ensinando sempre, você pode aprender muito mais. Não desanime perante o fracasso, supere-se o transformando em aprendizado.

Não se aproveite de quem se esforça tanto, ele pode estar fazendo o que você deixou de fazer. Não estrague um programa diferente com seu mau humor, descubra a alegria da novidade. Não deixe a vida se esvair pela torneira, pode faltar aos outros...

O amor pode absorver muitos sofrimentos, menos a falta de respeito a si mesmo! Se você quer o melhor das pessoas, dê o máximo de si, já que a vida lhe deu tanto. Enfim, agradeça sempre, pois a gratidão abre as portas do coração.

Deixei algumas oportunidades escaparem pelos meus dedos. Já me arrependide ter falado. E de não ter dito nada quando devia dizer. Acabei me acostumando com o que não deveria. Me frustrei por não receber o que esperava, depois me culpei por ter esperado algo: a gente nunca deve esperar nada, nada, nada de alguém. Já me decepcionei com quem era importante para mim e descobri que é assim mesmo: a gente magoa e é magoado a todo instante. E a vida é assim mesmo... Cada um vive a sua. E eu? Eu preciso "ainda" aprender a viver a minha.

Sempre é preciso saber quando uma etapa chega ao final. Se insistirmos em permanecer nela mais do que o tempo necessário, perdemos a alegria e o sentido das outras etapas que precisamos viver. Encerrando ciclos, fechando portas, terminando capítulos — não importa o nome que damos, o que importa é deixar no passado os momentos da vida que já se acabaram.

Foi despedido do trabalho? Terminou uma relação? Deixou a casa dos pais? Partiu para viver em outro país?

A amizade tão longamente cultivada desapareceu sem explicações?

Você pode passar muito tempo se perguntando por que isso aconteceu. Pode dizer para si mesmo que não dará mais um passo enquanto não entender as razões que levaram certas coisas, que eram tão importantes e sólidas em sua vida, serem subitamente transformadas em pó. Mas tal atitude será um desgaste imenso para todos: seus pais, seu marido ou sua esposa, seus amigos, seus filhos, sua irmã, todos estarão encerrando capítulos, virando a folha, seguindo adiante, e todos sofrerão ao ver que você está parado.

Ninguém pode estar ao mesmo tempo no presente e no passado, nem mesmo quando tentamos entender as coisas que acontecem conosco. O que passou não voltará: não podemos ser eternamente meninos, adolescentes tardios, filhos que se sentem culpados ou rancorosos com os pais, amantes que revivem noite e dia uma ligação com quem já foi embora e não tem a menor intenção de voltar.

As coisas passam, e o melhor que fazemos é deixar que elas realmente possam ir embora. Por isso, é tão importante (por mais doloroso que seja!) destruir recordações, mudar de casa, dar muitas coisas para orfanatos, vender ou doar os livros que tem. Tudo neste mundo visível é uma manifestação do mundo invisível, do que está acontecendo em nosso coração — e o desfazer-se de certas lembranças significa também abrir espaço para que outras tomem o seu lugar.

Deixar ir embora. Soltar. Desprender-se.

Ninguém está jogando nesta vida com cartas marcadas, portanto, às vezes, ganhamos e, às vezes, perdemos. Não espere que devolvam algo, não espere que reconheçam seu esforço, que descubram seu gênio, que entendam seu amor. Pare de ligar sua televisão emocional e assistir sempre ao mesmo programa, que mostra como você sofreu com determinada perda: isso o estará apenas envenenando, e nada mais.

Não há nada mais perigoso que rompimentos amorosos que não são aceitos, promessas de emprego que não têm data marcada para começar, decisões que sempre são adiadas em nome do "momento ideal". Antes de começar umcapítulo novo, é preciso terminar o antigo: diga a si mesmo que o que passou, jamais voltará.

REGUE-SE... CUIDE-SE... FLORESÇA...

Lembre-se de que houve uma época em que podia viver sem aquilo, sem aquela pessoa nada é insubstituível, um hábito não é uma necessidade. Podeparecer óbvio, pode mesmo ser difícil, mas é muito importante. Encerrando ciclos. Não por causa do orgulho, por incapacidade, ou por soberba, mas porque simplesmente aquilo já não se encaixa mais na sua vida. Feche a porta,mude o disco, limpe a casa, sacuda a poeira. Deixe de ser quem era e se transforme em quem é.

São tempos de exposição. De aparências. Imagens. E nestes tempos, estão em moda os fodões. Você os conhece. Já viu as fotos. Os desfiles. O excesso de descaso, vulgaridade e confiança. Mas confie em mim. Você não precisa ser um fodão. O mundo não precisa deles. Basta ser um ser humano.

Os instrumentos são infinitos. A forma de se comportar. O que decide-se compartilhar. A constante busca por aparecer. O tal complexo de pavão. Fazem-se mais. Mostram que outros seriam menos. Mas se enganam. Porque o mundo não precisa de fodões. Precisa de seres humanos.

Ao contrário de efêmeras fotos ou finais de semana, a vida não é rasa. Nessa profundidade, os fodões não sabem nadar. Não enfrentam marés. Nesses fodões, não há apoio algum. E não apenas isso. Uma pessoa que se esforça tanto para aparecer apenas atrairá alguém com o mesmo desejo. Parecer foda. Por uma imagem e não por sentimento. Assim serão os amores. As amizades. Os relacionamentos. Falsos pilares.

O valioso não é construído pelo ter. Mas por um ser. Um ser humano. Não é fácil. Mas é algo mais profundo. Mais autêntico. E sólido. São amores que se sustentam pela sinceridade. No escuro de um sofá. Amizades que vão além de fotos e filtros. Humanos dispostos a se abrirem. Sem precisarem se mostrar. É desses humanos que o mundo precisa. Porque de fodas, já nos bastam os pavões.

Filhos são como navios...

Ao olhar um navio no porto, imaginamos que ele esteja em seu lugar mais seguro, protegido por uma forte âncora.

Mal sabemos que ali está em preparação, abastecimento e provisão para se lançar ao mar, ao destino para o qual foi criado, indo ao encontro das próprias aventuras e riscos.

Dependendo do que a natureza lhes reserva, poderá ter que desviar da rota, traçar outros caminhos ou procurar outros portos.

Certamente retornará fortalecido pelo aprendizado adquirido, mais enriquecido pelas diferentes culturas percorridas. E haverá muita gente no porto feliz à sua espera.

Assim são os FILHOS. Estes tem nos PAIS o seu porto seguro, até que se tornem independentes.

Por mais segurança, sentimentos de preservação e manutenção que possam sentir junto aos seus pais, eles nasceram para singrar os mares da vida, correr seus próprios riscos e viver suas próprias aventuras.

Certo que levarão consigo os exemplos dos pais, o que eles aprenderam e os conhecimentos da escola, mas a principal provisão, além das materiais, estará no interior de cada um:

A CAPACIDADE DE SER FELIZ.

Sabemos, no entanto, que não existe felicidade pronta, algo que se guarda num esconderijo para ser doada, transmitida a alguém.

O lugar mais seguro que o navio pode estar é o porto. Mas ele não foi feito para permanecer ali.

Os pais também pensam que são o porto seguro dos filhos, mas não podem se esquecer do dever de prepará-los para navegar mar a dentro e encontrar o seu próprio lugar, onde se sintam seguros, certos de que deverão ser, em outro tempo, esse porto para outros seres.

Ninguém pode traçar o destino dos filhos, mas deve estar consciente de que na bagagem devem levar VALORES herdados como:

HUMILDADE, HUMANIDADE, HONESTIDADE, DISCIPLINA, GRATIDÃO E GENEROSIDADE.

Filhos nascem dos pais, mas devem se tornar CIDADÃOS DO MUNDO. Os pais podem querer o sorriso dos filhos, mas não podem sorrir por eles. Podem desejar e contribuir para a felicidade dos filhos, mas não podem ser felizes por eles. A FELICIDADE CONSISTE EM TER UM IDEAL PRA BUSCAR E TER A CERTEZA DE ESTAR DANDO PASSOS FIRMES NO CAMINHO DA BUSCA.

Simplesmente mulher... Com todas as definições e indefinições que você tem para isso. Com toda a sua necessidade de querer explicar o que não foi feito para ser entendido. Complexo? Pois é... Ela é complexa, ela é completa! Não tem limites além de si mesma, não se compara com o que não lhe satisfaz... Não se entrega ao acaso. Aliás, ela nunca será sua aventura. Livre! Ela é livre!(e é bom começar a entender...). É dessas que não precisa estar por estar, fazer por fazer, beijar por beijar. Não vê graça em perder tempo fazendo o quenão gosta, não pertence a ninguém, não se faz de título ou de presente. É...

Ela é totalmente diferente! É conquista diária. Não se interessa nem pelo início,nem pela chegada, o que gosta mesmo é da estrada. E isso incomoda a muitos. Vencer a si própria irrita quem não sabe se olhar, e aqui fica meu conselho, vê se não faz dela o teu espelho. A sua Alma é livre e voa alto. Voa sempre. Ela nunca precisou de nenhum homem para ser feliz e, muito menos, para preencher seu coração que, afinal, é grande demais pra pouca coisa. Ela não se interessa nem pelo início, nem pela chegada, o que gosta mesmo é da estrada.

Oscar Wilde afirmou que viver é a coisa mais rara do mundo, a maioria das pessoas apenas existe.

É uma afirmação um tanto ácida, mas interessante de ser pensada, existe defato uma diferença grande entre viver e existir.

Existir não foi uma opção tua, você nasceu e está aqui, viver está relacionado com a intensidade, com os valores que você vai abraçar para construir a história da tua vida, tem haver como se você vai tomar o rumo da sua vida nas tuas mãos, o remo nas mãos, ou se você vai deixar o barco à deriva, tem haver com qual vai será a tua resposta para a famosa pergunta: qual o sentido da vida?

Será que existe uma resposta? Será que existe um sentido?

Eu gosto de uma afirmação do Nietzsche que diz assim: a questão não é qual osentido da vida, a questão é quantos sentidos você dará à sua, assim mesmo no plural, a vida é complexa, às vezes, complicada e é difícil responder a isso de uma maneira só, nós mudamos, temos momentos distintos e precisamos, sim, aprender a questionar os rumos os sentidos que nos damos para a nossa vida, como conta a história do livro *O Velho e o Mar* que fala um pouco sobre isso.

Um Velho Pescador que decide mostrar para os mais jovens que ele de fato é muito bom, e diz que ele vai pescar o maior de todos os peixes, ele consegue, depois de quase morrer, ele consegue, pega um peixe tão grande que ele nãoconsegue colocar dentro do barco, amarra o peixe do lado de fora e começa oseu caminho de volta para casa, quando ele chega e vai mostrar o seu troféu ele não seu deu conta que no caminho o seu peixe foi devorado por outros predadores, e o que ele tem agora é apenas o esqueleto daquilo que um dia foi um grande peixe.

Tem haver com sentido, tem haver com o seguinte, quais lutas que valem a pena eu entrar, qual é o desgaste que vale a pena determinadas coisas que eu desejo, que eu quero, eu preciso questionar, sim, tudo aquilo que eu desejo, tudo aquilo que eu sonho porque existem alguns sonhos que se virarem realidade, a gente pode na verdade viver tristes e duros pesadelos.

Questione os seus sentidos e questione os seus rumos para que a sua vida tenha um significado bonito e para que tua existência tenha de fato vários sentidos, e que em todos eles haja afeto e amor.

A vida é rápida, Mario Cortella diz "a vida já é curta, mas que ela não sejatambém pequena".

Coloque as pessoas nos seus planos, coloque pessoas nos seus sentidos, conecte o seu coração a outros corações, porque isso de fato é o que vale a pena na nossa vida.

Nos leitos terminais, as pessoas não reclamam nem do carro que não compraram, nem da casa que não tiveram, nem da viagem que não fizeram, as pessoas sentem falta dos abraços e dos beijos que não receberam e que nãoforam dados.

Que o nosso sentido, que o nosso rumo seja sempre em direção às outras pessoas, porque é no outro que eu me reconheço, porque é no outro, por meio do outro, que eu me torno um ser humano mais completo, mais bonito e comuma existência com sentido.

A essência da alma não cabe na expressão, nem no semblante, nem na delicadeza do rosto. O espírito oprimido e comprimido em um corpo, guiado pela eterna guerra entre a razão e a emoção. Por certo, não cabem opiniões, nem o discernimento alheio. Há um nível, ou talvez um patamar para o exercício do pensamento, ou até uma maneira de pensar, que não seja patrulhado nem previamente organizado. A alma não conhece regras, nem qualquer lei, mas o corpo comprime e oprime a alma numa tentativa vã de não enlouquecer.

Ser ator é realmente uma profissão de maluco, fascinante. A poética do ridículo, o brincar de faz de conta, o infindável universo onírico infantil e a tremenda cara de pau fazem com que os atores encantem os que os assisteme sonham junto com eles — pelo seu poder de transgressão, pela sedução, pelopoder de conscientização, pela capacidade de simplesmente entreter e pela mágica de poder ser quase todo mundo.

Lemos Diderot, Stanislavsky, Grotovsky, Meyerhold, D. T. Suzuki e uma infinidade de outros livros (todos fundamentais). Ouvimos muita música clássica para apurarmos nossa noção de ritmo, de cor, de intensidade. Ouvimos samba, pagode, MPB, música sertaneja e o diabo a quatro, graças aobom Deus. Graças à obrigatória falta de preconceito para ver e viver a vida como ela é (obrigada, grande Nelson!) e poder reproduzi-la e, melhor ainda, recriá-la como uma pintura, que quase sempre é mais rica do que uma foto.

Vemos (com o corpo inteiro) pinturas de Bosch, Goya, Velázquez, Max Ernst para tentar compreender alguns mistérios da vida, para provocar nossos sonhos ou para nada. Só para ver mesmo. Que bom!

Conversamos com o Zé que vende coco no quiosque da praia e notamos um gesto diferente, um ritmo novo, outras possibilidades de comportamento e de comunhão com a vida. Observamos sem pensar. Viva o Zé! Precisamos dele. E depois colocamos uma armadura e dizemos que somos cavaleiros da TávoraRedonda, dizemos que somos bons, que somos maus, que somos bons e maus, que somos gente. É uma profissão que deveria se iniciar logo que a pessoa começasse a falar e a ler e terminar no início da adolescência, já que os adolescentes têm verdadeiro horror a pagar mico. Mas não... o maravilhoso complexo de Peter Pan nos acompanha pelo resto da vida e passamos a nos comportar como crianças relativamente adultas. E aí entra a poética do tempo que estará sempre a nosso favor.

Fazer um bom trabalho de ator é sempre muito arriscado, mesmo que o personagem seja comum, simples, cotidiano. É mais arriscado ainda. É raro, mas acontece de se ver um ator dizendo que está arriscando quando, na verdade, está fazendo um trabalho histérico e fora da medida. No caso de umanovela, geralmente as pessoas se acostumam e até passam a gostar. O erro faz parte do show. Eliminá-lo é impossível. Diminuir a margem de erro com estudo, dedicação e, principalmente, leveza e bom humor talvez seja o melhor caminho. Cada um escolhe o seu.

É uma profissão generosa, democrática e acolhedora. Qualquer um pode serator, basta saber falar, andar, ler e ter o juízo mais ou menos perfeito. Todostêm direito à tentativa e ninguém tira o lugar de ninguém. Fazer um bom trabalho de ator e permanecer digno praticando o ofício já são outros quinhentos, não é para qualquer um. A consciência de que somos inevitavelmente precários por sermos humanos pode ser um grande estímulopara fazermos trabalhos grandiosos. Viramos heróis, mendigos e uma infinidade de outros personagens, para, entre outras coisas, vencer a morte (eita coisinha incômoda). E, no final, conseguimos rir de nós mesmos.

Quero, por fim, agradecer aos meus nobres e loucos companheiros atores, porpercorrerem esse caminho inventado e que aumenta a vida, o prazer e o sonho. Quero agradecer aos grandes atores que já superaram o estágio dos adjetivos e conquistaram a liberdade plena da criação. Qual o adjetivo para Fernanda Montenegro, para Laura Cardoso? Quero agradecer também aos que estão começando, aos que estão terminando (se é que isso é possível) e aos que estão por vir.

Sou atriz, acho que isso quer dizer alguma coisa.

Evoé!

REGUE-SE... CUIDE-SE... FLORESÇA...

E eu admiro quem tem forças para enfrentar o que lhe faz mal e se libertar. E eu admiro quem tem coragem para desapegar-se do que não lhe fez crescer. Eu admiro quem tem fé de que o melhor está bem ali, é só saber chegar. Eu admiro quem tem simplicidade para amar tudo o que tem, sem desejar o que não lhe pertence. Eu admiro quem tem humildade no coração e gentileza na alma. Eu admiro quem resiste ao fácil, ao indigno, por escolher andar de cabeça erguida. Eu admiro quem não trai, quem não mente, quem não engana. Eu admiro quem tem esperança no bem, quem acredita que o mal é curto e por si se destrói. Eu admiro as pessoas como você, como eu que buscam crescer, se tornarem melhores, mais humanas, mais dignas, mais sinceras e felizes, confiando na bondade de Deus e na sua imensa misericórdia.

Viver é um espetáculo diário. Portanto, celebre o canto dos pássaros, o ar querespira, o vôo da borboleta, o céu estrelado, o brilho da lua, o sol se pondo, a areia molhada, o cheiro do mato.

Celebre você!

Sim, ame-se. Aceite-se.

A vida é para os corajosos. Para aqueles que não têm medo de errar. Para aqueles que não têm medo de arriscar.

Que levam no peito a coragem e a fé e acreditam que viver é uma benção!Viva bem. Faça o bem.

Viver com alegria e serenidade é para aqueles que acreditam que a vida éamor e, por isso, são capazes de amar incondicionalmente.

Sim, ame. E ame muito.

Vamos lá, abra um sorriso, abrace, beije, cante e dance. Dance muito. Dance um bolero. Um rock. Uma valsa. Sambe!

Não sabe dançar? Não sabe sambar?

Então, aprenda. Faça do jeito que você achar melhor.O importante é movimentar o corpo.

Ria também.

É você quem melhora a sua existência com pensamentos de renovação. Prepare o seu coração para muita emoção!

VIVA COM ALEGRIA, porque você MERECE ser FELIZ!

Creio que por meio da escrita tenho a possibilidade de, primeiro, pensar e refletir sobre as coisas que permeiam a nossa jornada aqui no mundo e, segundo, por meio da escrita consigo inspirar e de alguma forma ajudar outras pessoas.

Acredito que escrever é meio que como uma missão que permite levar uma mensagem àqueles que precisavam lê-la de alguma maneira e que o destinotratou de oportunizar esse encontro. Comigo é assim, às vezes, vejo um texto e falo "nossa, isso parece que foi escrito para mim; eu precisava ter lido isso". Epor outro lado, de vez em quando, "preciso escrever sobre isso".

E nesse momento gostaria de refletir e falar um pouco sobre algo extremamente relevante nas nossas vidas, mas que, por vezes, é deixada de lado e torna tudo mais difícil: a compaixão.

A compaixão é "um sentimento piedoso de simpatia para com a tragédia pessoal de outrem, acompanhado do desejo de minorá-la; participação espiritual na infelicidade alheia que suscita um impulso altruísta de ternura para com o sofredor".

Ela é, portanto, associada a um desejo de aliviar ou minorar o sofrimento de outro ser senciente, bem como demonstrar especial gentileza para com aqueles que sofrem.

Quantas vezes na vida deixamos de demonstrar compaixão por aqueles que convivem conosco. Um parente, um vizinho, um amigo, um colega de trabalhoe, sobretudo, um desconhecido precisa em muitas situações desta nossa compreensão.

A compaixão é, talvez, um dos sentimentos que nos tornam mais humanos possíveis. Quando você entende e se compadece com a situação do outro ficamuito mais fácil estender uma mão amiga sem querer nada em troca.

Os problemas e os sofrimentos podem ser de outras pessoas, mas a escolhade fazer algo que está ao seu alcance sempre será sua. A compaixão tem o poder de transformar o mundo para melhor por meio de pequenas ações diárias. O simples pode ser muito mais poderoso do que podemos imaginar...

Não é sobre servir aos outros e se anular o tempo todo. É sobre avaliar cada situação, é sobre pôr-se no lugar do outro e respeitar o sofrimento alheio. É saber que um dia você que estará do outro lado, precisando da compaixão dealguém. Ter compaixão é sobre sermos humanos.

E as flores vão chegar num dia qualquer, apenas para informar-lhe como vocêé especial para alguém. Assim... sem um motivo ou data especial. "Amar é mudar a alma de casa!" Idealizar é sofrer, Amar é surpreender! Talvez, tenhamos que conhecer algumas pessoas erradas, antes de encontrar a pessoa certa. Talvez, a pessoa certa, você considera a mais errada, que só quer curtir, mas que um dia te fará feliz, e para que isso aconteça, só depende de você, pois ao encontrá-la, agradeça por essa bênção. Porém, estamos tão presos àquela porta fechada, que não somos capazes de ver o novo caminho que se abriu. Não busque boas aparências, elas podem mudar. Encontre aquela pessoa que te faça dar gargalhadas, ao falar uma piadinha e que faça seu coração sorrir." Afinal, as pessoas não entram em nossas vidas por acaso.

Algumas coisas são inexplicáveis pra quem está de fora. Existem códigos secretos que só pertencem aos que partilharam a mesma mesa, o mesmo quarto, as mesmas brincadeiras, os mesmos pais. Talvez, cumplicidade e camaradagem sejam as palavras certas pra definir esse tipo de amor, que começa com um "não me entrega que eu também não te entrego", e segue vida afora compreendendo os traumas ocultos, as dores disfarçadas, a raiva acumulada, a alegria infantil, a inércia justificada. Mesmo longe, as mãos se reconhecem e se apoiam. Mesmo sem palavras, o entendimento é real. E no fim das contas, é aquele olhar cúmplice ("não me dedura, por favor...") que noslevanta e aquece. É aquele olhar que justifica e valida a beleza da vida, do mundo, das pessoas. E, de alguma forma que não sei dizer, traz alívio e paz.

Não posso imaginar que aquilo que dividimos há tanto tempo me apazigue como fazem essas lembranças. Nada de mim está mais lá, apenas a memória de velhos pijamas de dormir e a voz suave de mamãe contando histórias pra explicar a vida e justificar o amor.

Engole o choro. Engole sapo. Não diga, não quero saber. Cala a boca, cala o peito, cale-se! Mas o corpo fala, e como fala. Fala a ponta dos dedos batendo na mesa, fala o dente acirrado, rangendo estridente. Falam os pés inquietos na cama. Falam os olhos caindo tristonhos. Fala dor de cabeça, dor na alma. Fala gastrite, psoríase, fala ansiedade, fala memória perdida. Fala o corpo curvado, fala o nó na garganta atravessado. Fala angústia, fala ruga. Fala insônia, fala sono demasiado. Falador.

É impossível entrar no tatame da vida sem levar uns tapas dela. Mágoa, tristeza, dor, raiva, são sentimentos que nos atravessam sem pedir licença. A verdade é que enquanto estamos sentados na pedra fitando o abismo em dor, mastigamos as emoções, mas nem sempre as digerimos bem. Emoções engolidas e não digeridas corroem feito ácido. É bicho morando no estômago, mordente, cáustico. É soda! Ninguém quer saber de falar de sentimentos mal cheirosos. Então, a gente engole, e esse mal entendido vira coisa que entra no estômago, percorre a garganta, o peito e, se deixarmos, calará nossa boca e nossa paz por uma vida inteira.

E aí, cedo ou tarde, todas as dores do mundo hão de querer vomitar, regurgitar o mal resolvido, e nos contorcer novamente as entranhas. É preciso um pouco de coragem para se fazer falar. Emoção amordaçada nos faz refém dela. Dor tapada, cala necessidade. Mágoa não entendida, enfarta a fé nas pessoas.

Não dá pra engolir tudo e dizer amém! Eu sei. Também não dá pra cometer sincericídios por aí. Mas dá para expressar. O que se sente cabe tradução.

Freud disse certa vez: "a ciência moderna ainda não produziu um medicamento tranquilizador tão eficaz como são umas poucas palavras boas". É isso, tem hora que o sentimento pede pra ser dito, entendido, descodificado, traduzido.

Tudo que ele quer é ser exorcizado pela palavra ou pela via que lhe cabe melhor. Expressar tranquiliza-a-dor. Dor não é pra sentir pra sempre. Dor é vírgula. Conversa sozinho, papeia com seu gato, berra aos céus, mas não se cala. Fala, vai. Pois "se você engolir tudo que sente, no final, você se afoga". É que emoções indigestas e encarceradas mergulham no coração mais tarde para explodi-lo.

Adormece o teu corpo com a música da vida. Encanta-te. Esquece-te.

Tem por volúpia a dispersão. Não queiras ser tu.

Queira ser a alma infinita de tudo. Troca o teu curto sonho humano pelo sonho imortal.

O único.

Vence a miséria de ter medo. Troca-te pelo desconhecido. Não vês, então, que ele é maior? Não vês que ele não tem fim?

Não vês que és tu mesmo? Tu que andas esquecido de ti?

Um dom é ser livre! Outro dom é ser simples!

Desfaça-se de todo excesso de bagagem! A vida é simples e não há necessidade de tantas malas! É preciso parar de complicá-la, certo?

A essência da vida é muito simples! Sinto que todos os segredos e mistérios aoserem revelados, um dia, serão motivos de espanto de tão simples.

Seja como uma criança que é receptiva, tolerante e confiante! Nunca mais se perca no ritmo maluco da vida esquecendo das verdadeiras prioridades da suavida. Viva uma vida simples, até porque é natural ser simples e você já nasceuassim! Até a Bíblia nos convida: "a menos que nos tornemos como crianças, não poderemos entrar no Reino de Deus"

Dê uma olhada em sua vida e responda se ela não está demasiadamentecomplexa. Você se sente sobrecarregado por um excesso de posses e responsabilidades? A natureza é linda ao ser simples.

Dá para imaginar quais as providências você deve tomar para reduzir tantacomplexidade e viver com mais simplicidade e alegria?

É preciso tão pouco! Talvez, apenas um sorriso, um dia de sol ou de chuva, uma música, um encontro, um copo de água gelada numa tarde de calor... Poissaiba que à medida que aprender a simplificar a sua vida, sentirá liberdade de espírito e leveza de coração. Que dons maravilhosos são esses e estão a seu alcance. Basta reaprendê-los, viu? Preste mais atenção ao que realmente é essencial e dispense o supérfluo!

Um dom é ser livre! Outro dom é ser simples!

Atenha-se àquilo que é realmente essencial, necessário e indispensável em sua vida! Procure se desfazer de todo e qualquer excesso de sua vida. Você veio sem nada nesse mundo e vai partir desta mesma maneira. Você já está nolucro, sabia?

Sinta-se leve e contente! Tenha mais prazer na simplicidade das coisas! Apenas VIVA!

O mundo ao seu redor é um reflexo, um espelho que mostra quem você é. O que você acha de bom nos outros está bom também em você, os defeitos que você encontra nos outros são os seus defeitos também. Afinal, para reconhecer algo, você tem que conhecê-lo. As potencialidades que você vê nos outros são possíveis também para você. A beleza que você vê nos outros lhe mostra você mesmo. Veja o melhor nos outros, e você será uma pessoa melhor. Doe aos outros e estará doando a si mesmo, aprecie a beleza e você será belo. Admire a criatividade e você será criativo, ame e você será amado, procure compreender e será compreendido, ouça e sua voz será ouvida, ensine e você aprenderá. Mostre ao espelho sua melhor face e você ficará feliz com o que ele vai lhe mostrar. Que você sempre possa se orgulhar da sua imagem refletida no espelho da vida.

Gente fina é aquela que é tão especial, que a gente nem percebe, se é gorda, magra, velha, moça, morena, loira, alta ou baixa. Ela é gente fina, ou seja, está acima de qualquer classificação.

Todos a querem por perto, tem um astral leve, mas sabe aprofundar as questões, quando necessário.

É simpática, mas não bobalhona. É uma pessoa direita, mas não escravizada pelos certos e errados.

Sabe transgredir sem agredir. Gente fina é aquela que é generosa, mas não boba, te ajuda mas permite que você cresça sozinho. Gente fina diz mais sim do que não e faz isso naturalmente, não somente para agradar. Gente fina não julga ninguém, tem opinião apenas. Gente fina não esnoba, não humilha, não trapaceia, não faz fofoca, se coloca no lugar do outro. Gente fina é amável, verdadeira e confiável.

Gente fina é generosa, suas mãos têm sempre algo para oferecer. Se colocarmos na balança, é ela quem faz a diferença.

A força da nossa amizade vence todas as diferenças...Aliás... para que diferenças se somos amigos?

Quando erramos... nos perdoamos e esquecemos... e temos defeitos... não nos importamos...

Trocamos segredos... e respeitamos as divergências...

Nas horas incertas, sempre chegamos no momento certo...Nos amparamos... nos defendemos... sem pedir... fazemos porque nos sentimos felizes em fazer...

Nos reverenciamos... adoramos... idolatramos... apreciamos... admiramos.Nos mostramos amigos de verdade, quando dizemos o que temos a dizer... Nos aceitamos, sem querer mudanças... Estamos sempre presentes, não só nos momentos de alegria,compartilhando prazeres, mas principalmente nos momentos mais difíceis...

Sou pessoa de dentro pra fora. Minha beleza está na minha essência e no meu caráter. Acredito em sonhos, não em utopia. Mas, quando sonho, sonho alto.

Estou aqui é pra viver, cair, aprender, levantar e seguir em frente. Sou isso hoje...

Amanhã, já me reinventei.

Reinvento-me sempre que a vida pede um pouco mais de mim.

Sou complexa, sou mistura, sou mulher com cara de menina... E vice--versa.Me perco, me procuro e me acho. E quando necessário, enlouqueço e deixo rolar...

Não me dôo pela metade, não sou tua meio amiga, nem teu quase amor. Ou sou tudo, ou sou nada. Não suporto meio-termos. Sou boba, mas não sou burra.Ingênua, mas não santa. Sou pessoa de riso fácil... e choro também...

Há algo extraordinário em viver. Há algo inexplicável em como trilhamos nossas vidas sem percebermos o que estamos fazendo. Caminhos que se cruzam e escolhas nos conduzem a um futuro inesperado. Às vezes, nós nos afastamos da realidade, fantasiamos vidas iguais às dos outros, esquecendo que a maior virtude está no que nos diferencia. Nós nos distanciamos de amigos, trocamos o certo pelo duvidoso, erramos crendo que estávamos certos. Dizemos adeus. Retalhamos nossa saúde física e mental com vícios que nos suprem temporariamente, mas levam consigo uma vida inteira, mostrando que não há ganho sem perda. Fugimos do amor por medo de não saber amar ou nos acovardamos em um relacionamento isento desse sentimento. Quantas vezes nos isolamos por achar que doeria menos do que lutar pelo que nos enche de vida, pelo que faz a alma saltitar e o coração bater, mostrando-nos que estamos vivos? Somos reais, somos vida. E vida só se vive uma.

Sabe algo que me deixa muito triste, brava e indignada, tudo ao mesmo tempo? O descaso!

Eu venho percebendo que as pessoas estão cada vez mais indiferentes ao que acontece à sua volta. Elas não se importam mais com os indivíduos ao seu redor ou com o que acontece na sociedade, a menos que isso interfira na própria vida delas. E eu fico pensando: onde nós vamos parar com todo esse egoísmo?

É muito fácil falar sobre a situação de vida de alguém quando você vive e sempre viveu uma vida cheia de privilégios, né? É por isso que eu sempre convido as pessoas a fazerem uma reflexão sobre o que vão falar. Às vezes, precisamos pensar muito antes de opinar sobre algo. Pena que são poucas as pessoas que praticam este ato.

Como as pessoas conseguem viver de forma tão insensível e tão egoísta? Não consigo entender a falta de amor e empatia presente na nossa sociedade. Talvez, seja por isso que tudo parece estar dando errado no mundo.

Palhaço e Palhaço – Compasso e Descompasso

"...chora, palhaço, da sua tristeza, sorrindo como se a alma estivesse em festa."

Chora, palhaço, da sua tristeza, quando o mundo e as coisas que te cercam dizem NÃO.

Chora, palhaço, da troça da sua imagem, das suas pinturas e caricaturas.

Chora, palhaço, por trazer alegria e sorriso ao sorriso e alegria das pessoas e ter como pagamento a satisfação e a felicidade ou simplesmente um sorriso.

Chora, palhaço, da situação que te cerca, das noites não dormidas, pela esperança de um agrado, do sonho de uma alegria continuada e sincera.

Chora, palhaço, homem do peito de aço, que dá alegria faz o compasso, mesmo que tua alma esteja no descompasso de uma grande tristeza.

Chora, palhaço, do seu coração que não trai, não engana, que espera um docesorriso, uma mão que afague seu semblante, sua cabeça, suas costas e pernas cansadas de tanto se apresentar no picadeiro da fantasia.

Chora, palhaço, que se enternece quando recebe um sorriso e um muitoobrigado, mesmo de alguém que nunca viu.

Chora, palhaço, das suas máscaras que sorriem quando queriam chorar, que enternecem quando queriam esmorecer, que agitam quando queriam descansar.

Chora, palhaço, do seu próprio sorriso triste... Chora até descobrir a verdade detua alma...

A verdade que diz: Sorria, palhaço, pois aqueles que têm na alma uma criança sorriem de verdade para você.

Sorria, palhaço, pois a alegria e felicidade que trás são dádivas reconhecidaspelo próprio Deus.

Sorria, palhaço, pois aqueles que não te enxergam e da tua felicidade reconhecem pouco, da vida nada tem na pobreza de seus espíritos.

Sorria, palhaço, pois não merece alegria vazia e sorrisos falsos, mediocridade eengano, pois és autêntico no coração e na alma.

Sorria, palhaço, pois seus valores estão acima dos espíritos pobres que nãoconseguem viver a felicidade que transmite sem nada pedir, a não ser um sorriso, um gesto de felicidade, um afago.

Sorria, palhaço, pois a tua alma é tão grande, tão linda e limpa, que suas dores desaparecerão das suas costas e serás contemplado com o carinho sincero e eterno de um AMOR sem fim...

Sorria, palhaço, pois ao arrancares a máscara da face, revelarás a própriafelicidade, linda e infinita, pois tens estampado no seu íntimo a alegria do próprio Deus e o Amor de Jesus...

Sorria, palhaço, pois o que transmite é simplesmente DIVINO.

Sorria, palhaço, o sorriso de sorrir, o riso que debocha descarado da própria tristeza e de tudo que não reconhece você....

Sorria, palhaço, pois é o remédio das almas tristes e solitárias.

Sorria, palhaço, pois é palhaço para fazer sorrir e incomodar os pobres deespírito.

Sorria, palhaço, pois é um artista da vida, que ao tirares a fantasia se retira dopicadeiro, pois sabes quando termina o espetáculo para representação e quando continua o espetáculo da vida.

Sorria, palhaço, dos verdadeiros palhaços, que sorriem ao pensar que te ofendem achando que és palhaço ou chamando de palhaço.

Sorria, palhaço, pois consegue ver e estar bem longe daqueles palhaços cuja vida infeliz, no contraditório daquilo que transmite, ou seja, felicidade, se estenderá, infelizmente, por um picadeiro sem fim, onde, ignorando e ignorância, jamais saberão que estarão imersos no circo da vida, onde, ao invés de receberem o sorriso de paz e felicidade, se contentarão na sua falta de saber, ao receber a falsa alegria e o falso sorriso do escárnio e do pouco caso, pela frente ou pelas costas, da plateia que os assisti e que pensam estar agradando com o seu triste e mórbido espetáculo....

Sorria, palhaço, pois sabes onde está a hipocrisia palhaça, nas promessas vazias dos políticos, nos amores falsos, no romantismo de atos e palavras escassos, na pobreza de espírito, na mentira, na falta de caráter, na tendenciosidade maldosa, na infidelidade, enfim, naquilo que mancha a alma ea consciência, naquilo que torna o ser humano pequeno e insignificante, naquilo que se quer merece qualquer comentário, pois a simples citação empobrece e aporcalha qualquer exteriorização da alma, portanto, da própria arte.

Sorria, palhaço, ao afastar o infortúnio e a mediocridade.

Sorria, palhaço, para aqueles que acreditam e recebem a luz detonando aignorância.

Sorria, palhaço, por aqueles que arquitetou dando risadas e brincando, representando a arte da felicidade.

Sorria, palhaço, por aqueles que sorrindo e inebriados com os olhos cheios de lágrimas reconhecerão e reconhecem muito mais que o artista palhaço.

Sorria, palhaço, pois tua alma de criança assistirá calma, limpa e serena pelo resultado das coisas onde tanto investiu seu amor.

Sorria, palhaço, do mundo sem compasso, que na arte do descompasso afastou a tristeza do espaço e, nesse mesmo vazio do espaço, encheu em cada passo seu conteúdo de AMOR...

É que já nasci assim... Com leveza na alma e ao mesmo tempo transbordandointensidade. Tenho mania de coragem e de brinde... Transbordo sensibilidade e simplicidade! Tem dias que me sacio em calmarias. Em outros... Só anseio por liberdade. Amo tudo o que vem puro e de própria vontade. Não me contento com menos do que mereço. Mas quando me deparo com minhas dores e medos... sempre enfrento-as com muita voracidade. O certo é que sobrevivo e sigo. E assim vou enfrentando minhas tempestades, sobretudo, sorrindo pra vida. Porque aprendi a duros golpes a jamais me perder e esquecer de que posso ser tudo que preciso. Basta acreditar... E eu sempre acredito!

Somente a verdade. Confia na verdade; não tens que ser como a princesa dos sonhos do outro, não tens que ser nem mais, nem menos do que és.

Tens um direito sagrado, que é o direito de errar; tens outro, que é o direito de perdoar, porque o erro é teu mestre. Ama-te, sê sincero contigo mesmo e leva-te em consideração. Se tu não te queres, não vais encontrar ninguém que possa te querer. Amor produz amor. Se te amas, vais encontrar amor. Se não, vazio. Porém nunca busques migalhas, isso é indigno de ti.

A chave, então, é amar-se a si mesmo. E ao próximo comoa ti mesmo.

Se não amas a ti, não amas a Deus, nem a teu filho, porque estás apenas te apegando, estás condicionando o outro. Queres que o outro te ame pelo que dás a eles, pelo que tu deixarás para eles, o que tu fizestes, construistes a ti pertence, tu e que deves usufruir, tu deves ensiná-los a fazer o mesmo que tu fizestes, ai, sim, teras um amor da filhos incondicional.

Porque partiu de ti a atitude de poder na humildade, no ensinamento, mostrandoo caminho. Mostrando quem és tu, teu poder como força moral, de integridade, de atitudes e, principalmente, de respeito, não importas o que tenhas feito, tu mereces o melhor para que creias mais na tua força. Às vezes, tomamos atitudes que pensamos e tentamos nos convencer que era assim que desejávamos, mas na maioria das vezes estamos é nos punindo e nos culpando e deixando de fazer o que é certo, por medo, culpa, ser julgado erradamente, és tu que te condenas, jamais os outros.

Aceita-te como és; não podemos transformar o que não aceitamos, e avida é uma corrente permanente de transformações.

REGUE-SE... CUIDE-SE... FLORESÇA...

Nas mãos das crianças o mundo vira um conto de fadas, porque na inocênciado sorriso infantil, tudo é possível, menos a maldade.

Crianças são anjos, são pedaços de Deus que caíram do céu para nos trazer aluz viva que há de fazer ressuscitar a verdade que vive escondida em cada um.

De braços abertos a criança não cultiva inimigos, sua tristeza é momentânea.

De olhos abertos a criança não enxerga o feio, o diferente, apenas aceita omodo de ser de cada um que lhe dirige o caminho.

De ouvidos atentos a criança gosta de ouvir tudo como se os sons se misturassem formando uma doce vitamina de vozes, vozes que ela pode imitar, se inspirar para crescer.

Questionando, brincando, a criança está sempre evoluindo, achando esse mundo um Paraíso, mas a criança sabe no seu interior o que é o amor e quer sugá-lo como se fosse seu único alimento, não lhe dê uma mamadeira de ódio,pois com certeza sua contaminação seria fatal e inesquecível.

Criança me lembra: cor, amor, arco-íris, rosas, doce de brigadeiro, tintas das cores: vermelha, laranja, azul, amarelo; me lembra cachoeira, pássaros, dia defesta.

Ser criança é estar de bem com a vida, é ter toda a energia do Universo em si.

Eu sou criança. E vou crescer assim. Gosto de abraçar apertado, sentir alegriainteira, inventar mundos, inventar amores. Acho graça onde não há sentido.

Acho lindo o que não é. O simples me faz rir, o complicado me aborrece. O mundo pra mim é grande, não entendo como moro em um planeta que gira sem parar, nem como funciona o fax. Verdade seja dita: entender, eu entendo. Mas não faz diferença, o mundo continua rodando, existe a tal gravidade, papéis entram e saem de máquinas, existem coisas que não precisam ser explicadas (pelo menos para mim). O que importa é o que faz os meus olhos brilharem, o coração bater forte, o sorriso saltar da cara. Eu acho que as pessoas são sempre grandes e, às vezes, pequenas, igual aos brinquedos Playmobil. Enxergo o mundo sempre lindo e, às vezes, cinza, mas para isso existem o lápis de cor e o amor que a gente aprendeu em casa desde cedo.

Lembra? Tenho um coração maior do que eu, nunca sei minha altura, tenho o tamanho de um sonho. E o sonho escreve a minha vida que, às vezes, eu risco, rabisco, embolo e jogo debaixo da cama (pra descansar a alma e dormir sossegada). Coragem eu tenho um monte. Mas medo eu tenho pouco. Tenho medo de filme de terror, tenho medo das pessoas, tenho medo de mim. Minha bagunça mora aqui dentro, pensamentos entram e saem, nunca sei onde fui parar. Mas uma coisa eu digo: eu não paro. Perco o rumo, ralo o joelho, bato de frente com a cara na porta: sei aonde quero chegar, mesmo sem saber como. E vou. Sempre me pergunto quanto falta, se está perto, com que letra começa, se vai ter fim, se vai dar certo. Sempre pergunto se você está feliz, se eu estou linda, se eu vou ganhar estrelinha, se eu posso levar pra casa, se eu posso te levar pra mim, se o café ficou forte demais. Eu sou assim. Nada de meias-palavras. Já mudei, já aprendi, já fiquei de castigo, já levei ocorrência, já preguei chiclete debaixo da carteira da sala de aula, mas palavra é igual oração: tem que ser inteira senão perde a força. Sou menina levada, princesa de rua, sou criança crescida com contas para pagar. E mesmo pequena, não deixo de crescer. Trabalho igual gente grande, fico séria, traço metas. Mas quando chega a hora do recreio, aí vou eu... Beijo escondido, faço bico, faço manha, tomo sorvete no pote, choro quando dói, choro quando não dói. E eu amo. Amo igual criança. Amo com os olhos vidrados, amo com todas as letras. A-M-O. Amo e invento. Sem restrições. Sem medo. Sem frases cortadas. Sem censura. Sem pudor. Quer me entender? Não precisa. Quer me amar? Me dê um chocolate, um bilhete, um brinde que você ganhou e não gostou, uma mentira bonita pra me fazer sonhar. Não importa. Criança não liga pra preço, não liga pra laço de fita e cartão de relevo. Criança gosta de beijo, abraço e surpresa!!! Sou EU

Não me interprete mal por essa minha vontade de viver a vida intensamente!Mas é que nasci com essa gula de ser feliz!

E esse meu desatino é felicidade somente...

Eu sei que, às vezes, exagero e acabo metendo os pés pelas mãos com minhasbobeiras.

Mas é esse vício de amar demais a vida que me sabota e me faz perder asestribeiras!

É complicado, eu sei...

Mas esse meu jeito de ser tá tatuado em mim!

E ainda que me chamem de louca, posso garantir que sou feliz assim!

Desculpe-me somente pelas doses excessivas de liberdade que ouso me fartar, mas é que não aprendi a viver de mãos dadas com regras!!!

E me sentiria muito mal se tentassem acorrentar-me!Mas não me desculparei por ser quem sou...

Ando de cabeça erguida com toda essa minha transparência...

Escandalosamente orgulhosa por este meu atrevimento ser a marca registradada minha essência!

O sol, cansado de um dia intenso, vai descansar calmamente sobre a linha dohorizonte. Exausto na sua batalha quotidiana, cede lugar à noite, reino mágicoe obscuro, onde a Lua, rainha, o substituirá magistralmente.

O céu enche-se de um laranja avermelhado, como se ali tivesse tido lugar uma batalha sangrenta, a batalha do dia a dia, em que o sobrevivente, ferido, se retira para voltar num outro dia, recuperado para rasgar as trevas e começar denovo.

Encontro-me num lugar privilegiado, a contemplar essas mutações que, de tão frequentes, muitas vezes acontecem sem que nos apercebamos da sua beleza, como quase tudo o que nos rodeia.

Há tanta coisa bela nos fenómenos naturais, que acontecem a cada segundo enem olhamos para eles, porque de tão frequentes, se tornaram "invisíveis".

Não sabemos o que perdemos por não contemplar as pequenas coisas de que o nosso mundo é feito. A beleza está nas coisas pequenas e simples, como a gota de orvalho que pende da folha de uma flor, e que na sua queda ao abismo, converte a luz do sol, num arco-íris de cores. A beleza de hoje está neste fantástico pôr do sol, que me enche os olhos, que me acarinha e confortaa alma, por saber que amanhã, aquele sol estará de novo de volta para me aquecer o corpo e iluminar o espírito. Gratidão!

Eu acredito nas casualidades, nos encontros, nas passagens.

Nas conversas que temos, nas músicas que cantamos. No que somos e nuncadeixamos de ser.

Eu acredito que podemos ser muito fortes, muito mais. Podemos ser como todos, e o tudo pode ser capaz. Eu quero suas mãos, suas ideias e defeitos, que me ensine o seu jeito, enquanto aprende o meu. Quero que faça sentido,que seja proibido, mas que entre nós todos não exista lei. Quero ser tudo que tem graça, que tem gosto e da pra sentir. Quero o que mais me dê vontade e quero vontade pra prosseguir. Quero voar, mergulhar, morrer e matar a vontade de querer...

Hoje, eu pensei em você com saudades e meu coração se encheu de tristeza e fez as lágrimas transbordarem pelos meus olhos. Mas não há nenhuma novidade nisso, porque eu pensei em você ontem, e anteontem, e todos os dias desde que você se foi.

Eu penso em você em silêncio e muitas vezes chamo o seu nome. Penso quevocê ainda está aqui, ao meu lado. Mas infelizmente tudo que me resta são memórias, são imagens, objetos, músicas e poemas que me fazem lembrar você e reacender o amor dentro do meu coração.

A sua lembrança continua viva, presente, latente em minha vida. Deus agoratem você em Seus braços, mas eu terei você eternamente em meu coração.

Você se foi, para sempre. O seu corpo desistiu da sua alma, e todos os queamam você deixaram de ter o privilégio da sua companhia.

Mas entre nós você se mantém presente, através do amor e da saudade que deixou no coração daqueles que amavam você. E nas minhas memórias você continuará vivendo e na minha saudade estará eternamente presente. Se fosse difícil... seria mais fácil. Mas é simplesmente impossível. Foi o mês mais difícil da minha vida!
Saudades é tudo o que fica, de quem não pôde ficar...

Ser livre como um balão...

Quase sempre ficamos presos a coisas inúteis na vida. Pequenos objetos, pequenos detalhes, pessoas que só te fazem mal. Às vezes, o medo nos impede de voar longe e de ver o mundo de outra forma. Um dia percebemos que precisamos ser livres, como os balões.

Eles são leves, coloridos, alegres, cheios de esperança e com um ar de criança. Andam por onde o vento os levar, sobem alto nas nuvens. Não se importam em ficar presos nos galhos das árvores, pois sempre algum sopro virá para levá-los para longe mais uma vez.

Ser livre. Pensar livre. Voar. Não se preocupar. Esquecer os problemas. Tudo o que a gente mais precisa. Nós precisamos nos soltar um pouco. Esquecer as preocupações e apenas se deixar levar. Assim como os coloridos balões.

Nem a tristeza, nem a desilusão. Nem a incerteza, nem a solidão...

...Nada me impedirá de sorrir... Nem o medo, nem a depressão. Por mais que sofra meu coração... Nada me impedirá de sonhar...

Nem o desespero, nem a descrença. Muito menos o ódio ou alguma ofensa...Nada me impedirá de viver...

Mesmo errando e aprendendo, tudo me será favorável...

Para que eu possa sempre evoluir. Preservar, servir, cantar, agradecer. Perdoar, recomeçar...

Quero viver o dia de hoje. Como se fosse o primeiro... Como se fosse o último.

 Como se fosse o único...

Quero viver o momento de agora. Como se ainda fosse cedo.

Como se nunca fosse tarde... Quero manter o otimismo.

Conservar o equilíbrio e fortalecer a minha esperança...

Quero recompor minhas energias. Para prosperar na minha missão e viver alegremente todos os dias... Quero caminhar na certeza de chegar... Quero lutar na certeza de vencer...

Quero buscar na certeza de alcançar

Quero saber esperar para poder realizar os ideais do meu ser...

Ir embora é importante para que você entenda que você não é tão importante assim, que a vida segue, com ou sem você por perto. Pessoas nascem, morrem, casam, separam e resolvem os problemas que antes você acreditava só você resolver. É chocante e libertador — ninguém precisa de você pra seguir vivendo. Nem sua mãe, nem seu pai, nem seu ex-patrão, nem sua empregada, nem ninguém. Parece besteira, mas a maioria de nós tem uma noção bem distorcida da importância do próprio umbigo — novidade para quem sofre deste mal: ninguém é insubstituível ou imprescindível. Lide com isso.

É preciso ir embora.

Ir embora é importante para que você veja que você é muito importante, sim! Seja por 2 minutos, seja por 2 anos, quem sente sua falta não sente menos ou mais, porque você foi embora — apenas sente por mais tempo! O sentimento não muda. Algumas pessoas nunca vão esquecer do seu aniversário, você estando aqui ou na Austrália. Esse papo de "que saudades de você, vamos nos ver uma hora" é politicagem. Quem sente sua falta vai sempre sentir e agir. E não se preocupe, pois o filtro é natural. Vai ter sempre aquele seleto e especial grupo que vai terminar a frase "Que saudade de você..." com "por isso tô te mandando este áudio", ou "porque tá tocando a nossa música", ou "então comprei uma passagem" ou ainda "desce agora que tô passando aí".

Então, vá embora. Vá embora do trabalho que te atormenta. Daquela relação que você sabe não vai dar certo. Vá embora "da galera" que está presente quando convém. Vá embora da casa dos teus pais. Do teu país. Da sala. Vá embora. Por minutos, por anos ou pra vida. Se ausente, nem que seja pra encontrar com você mesmo. Quanto voltar — e se voltar — vai ver as coisas de outra perspectiva, lá de cima do avião... Ou talvez de um Navio.

REGUE-SE... CUIDE-SE... FLORESÇA...

Acho que sabemos que amamos verdadeiramente uma pessoa quando a vemos partir, isso nos parte em mil e ainda assim desejamos que ela seja feliz, mesmo se nossos mil pedaços vagam chorando em cada canto. Só o amor nostorna seres assim tão superiores, capazes de tanta grandeza.

Desejar a felicidade de quem magoou nosso coração não é assim coisa tão fácil. Exige de nós uma força extraordinária. Uma luta se trava em nós: parte nos empurra, nos cega para o bom e abre nosso coração à mágoa e outra parte se enche de ternura com as lembranças do que de bom vivemos. É nosso eu doente e nosso eu são dentro de um mesmo espaço e cada qual tentando falar mais alto. Como desejar a felicidade de quem nos feriu? Como passar por cima? Não somos santos, é o que nós dizemos. Somos feitos de carne, osso, alma e coração. Temos sentimentos... e os bons ficam assim tão miúdos quando os maus aparecem...

Só mesmo um coração maior que nós e nosso eu para vencer uma luta como essa. Só mesmo um amor sem tamanho e uma bondade sem limites.

O amor é uma água bendita! Ele lava as mágoas, ele purifica, deixa branco, sem mácula. Se você for capaz de perdoar alguém que feriu seu coração e ainda desejar a felicidade dele, saiba que o amor é o dom maior que vive no seu ser e que você é uma pessoa bem-aventurada!

E pessoas bem-aventuradas não só caminham com a felicidade do lado, elas caminham de mãos dadas com ela e vai chegar fatalmente o dia em que essa felicidade vai abraçá-la.

Estar bem e feliz é uma questão de escolha e não de sorte ou mero acaso.

É estar perto das pessoas que amamos, que nos fazem bem e que nos querem bem.

É saber evitar tudo aquilo que nos incomoda ou faz mal, não hesitando em usar o bom senso, a maturidade obtida com experiências passadas ou mesmo nossa sensibilidadepara isso.

É distanciar-se de falsidade, inveja e mentiras.

Evitar sentimentos corrosivos como o rancor, a raiva e as mágoas, que nos tiram noites de sono e em nada afetam as pessoas responsáveis por causá-los.

É valorizar as palavras verdadeiras e os sentimentos sinceros que a nós sãodestinados.

E saber ignorar, de forma mais fina e elegante possível,aqueles que dizem as coisas da boca para fora ou cujas palavras e caráter nunca valerão um milésimo do tempo que você perdeu ao escutá-las.

A felicidade é a soma das pequenas felicidades. Li essa frase num outdoor em Paris e soube, naquele momento, que meu conceito de felicidade tinha acabado de mudar. Eu já suspeitava que a felicidade com letras maiúsculas não existia, mas dava a ela o benefício da dúvida. Afinal, desde que nos entendemos por gente, aprendemos a sonhar com essa felicidade no superlativo. Mas ali, vendo aquele outdoor estrategicamente colocado no meio do meu caminho (que de certa forma coincidia com o meio da minha trajetória de vida), tive certeza de que a felicidade, ao contrário do que nos ensinaram os contos de fadas e os filmes de Hollywood, não é um estado mágico e duradouro. Na vida real, o que existe é uma felicidade homeopática, distribuída em conta-gotas. Um pôr de sol aqui, um beijo ali, uma xícara de café recém-coado, um livro que a gente não consegue fechar, um homem que nos faz sonhar, uma amiga que nos faz rir... São situações e momentos que vamos empilhando com o cuidado e a delicadeza que merecem — alegrias de pequeno e médio porte e até grandes (ainda que fugazes) alegrias.

"Eu contabilizo tudo de bom que me aparece", diz Fabiana, também adepta da felicidade homeopática. 'Se o zíper daquele vestido que eu adoro volta a fechar(ufa!) ou se pego um congestionamento muito menor do que eu esperava, tenho consciência de que são momentos de felicidade e vivo cada segundo.' Elis conta que cresceu esperando a felicidade com maiúsculas e na primeira pessoa do plural: "Eu me imaginava sempre com um homem lindo do lado, dizendo que me amava e me levando pra lugares mágicos". Agora, viajando com frequência por causa de seu trabalho, ela descobriu que dá pra ser feliz no singular: "Quando estou na estrada dirigindo e ouvindo as músicas que eu amo,é um momento de pura felicidade. Olho a paisagem, canto, sinto um bem-estar indescritível".

Uma empresária que conheci recentemente me contou que estava falando e rindo sozinha quando o marido chegou em casa. Assustado, ele perguntou com quem ela estava conversando: "Comigo mesma", respondeu. "Adoro conversar com pessoas inteligentes". Criada para viver grandes momentos, grandes amores e aquela felicidade dos filmes, a empresária trocou os roteiros fantasiosos por prazeres mais simples e aprendeu duas lições básicas: que podemos viver momentos ótimos mesmo não estando acompanhadas e que não tem sentido esperar até que um fato mágico nos faça felizes.

Esperar para ser feliz, aliás, é um esporte que abandonei há tempos. E faz parte da minha "dieta de felicidade" o uso moderadíssimo da palavra "quando". Aquela história de "quando eu ganhar na Mega Sena", "quando eu me casar", "quando tiver filhos", "quando meus filhos crescerem", "quando eu tiver um emprego fabuloso", ou "quando encontrar um homem que me mereça" —tudo isso serve apenas para nos distrair e nos fazer esquecer da felicidade de hoje.

Esperar o príncipe encantado, por exemplo — tem coisa mais sem sentido? Mesmo porque quase sempre os súditos são mais interessantes do que os príncipes —ou você acha que a Camilla Parker-Bowles está mais bem servidado que a Victoria Beckham?

Como tantos já disseram tantas vezes, aproveitem o momento, amigas. E quem for ruim de contas recorra à calculadora para ir somando as pequenas felicidades. Podem até dizer que nos falta ambição, que essa soma de pequenas alegrias é uma operação matemática muito modesta para os nossostempos. Que digam. Melhor ser minimamente feliz várias vezes por dia do que viver eternamente em compasso de espera. Seja feliz!

É preciso estar sempre embriagado. Eis aí tudo: é a única questão. Para não sentirdes o horrível fardo do Tempo que rompe os vossos ombros e vos inclinapara o chão, é preciso embriagar-vos sem trégua.

Mas de quê? De vinho, de poesia ou de virtude, à vossa maneira. Mas embriagai-vos.

E se, alguma vez, nos degraus de um palácio, sobre a grama verde de um precipício, na solidão morna do vosso quarto, vós acordardes, a embriaguez jádiminuída ou desaparecida, perguntai ao vento, à onda, à estrela, ao pássaro, ao relógio, a tudo que foge, a tudo que geme, a tudo que anda, a tudo que canta, a tudo que fala, perguntai que horas são; e o vento, a onda, a estrela, opássaro e o relógio responder-vos-ão: "É hora de embriagar-vos! Para não serdes os escravos martirizados do Tempo, embriagai-vos: embriagai-vos sem cessar! De vinho, de poesia ou de virtude, à vossa maneira.

REGUE-SE... CUIDE-SE... FLORESÇA...

Um dia assim, quase sem querer, a gente se pega com um regador na mão regando uma baita pedra.

Parece que já virou costume regar pedras pelo caminho. A gente faz por instinto, costume ou por pura ingenuidade. A gente acredita que dali vai brotar algo, vai nascer folha, fruto, flor.

Então, lá se vão litros de tempo e cuidado perdidos com uma pedra. Uma pedra que não deixará de ser pedra. Não, não adianta dizer que a pedra vai crescer, que ela vai ganhar vida e vai virar outra coisa que não ela mesma. Não, não importa o que você faça, a bendita pedra vai ficar ali, assim como estava antes de você chegar, e permanecerá exatamente igual quando você partir.

Um dia a gente tem que olhar para a pedra e ser menos poético. Tem que olhar para a pedra e ver pedra mesmo. Tem que se enxergar, se tocar e perceber que alguns caminhos não levam a lugar algum. Que algumas pessoas não mudam. Que algumas situações são complicadas e que não dá para resolvê-las sem o apoio do outro.

Um dia a gente tem que colocar na cabeça que há um caminho além das pedras e que ele merece ser priorizado. Que a gente tem que ser cuidadoso com o nosso tempo. Que o nosso tempo é valioso e finito. Que tudo que desprendemos desnecessariamente para regar pedras pode nos fazer falta em algum momento da vida.

A gente tem que aprender, de uma vez por todas, que tem muito chão precisando de água por aí. Que tem muito coração sedento de amor. Que tem muita gente boa ao lado de quem vale a pena caminhar.

Não importa quantos litros desperdiçamos com uma pedra, dela não virá uma única gota para nos saciar se um dia tivermos sede.

Talvez, tenha chegado a hora da gente descansar os braços estirados pela rega desnecessária. Talvez, tenha chegado o momento da gente guardar os regadores e chover cuidado em tudo aquilo que merece ser efetivamente regado.

Que mania é essa de amar visceralmente... De ver beleza onde ninguém vê... De insistir um pouco mais... Que mania é essa de ficar extasiada diante de umanova paisagem... De sentir Deus cantarolando alegremente sempre que me vê boquiaberta diante das suas belas criações... Que mania é essa de pular amarelinha entre os problemas... De descansar nas nuvens e me perfumar comcheiro de céu... Que mania é essa de me aquecer com o cobertor dos meus sonhos... De correr entre estrelas... E colecionar poesias... Que mania é essa de ser teimosa... De sorrir entre lágrimas, de abraçar meus desejos com paixãoe de descobrir o sol entre as gotas de chuva... Que mania é essa de ser feliz noquintal de casa... De olhar para o céu enquanto todos olham para o chão... De flertar com o destino... Que mania é essa que eu tenho de viver.

Quantos homens ouvi dizer que querem uma mulher inteligente em suas vidas!

Gostaria de encorajá-los a pensar sobre isso. Mulheres inteligentes tomam decisões por si mesmas, têm seus próprios desejos e estabelecem limites. Você nunca será o centro da vida delas, porque ela gira em torno de si mesma.

Uma mulher inteligente não será manipulada ou chantageada, ela não engole culpa, assume responsabilidades.

Mulheres inteligentes questionam, analisam, argumentam, elas não estão satisfeitas, elas avançam. Essas mulheres tiveram vida antes de você e sabem que continuarão a tê-la quando você partir. Elas estão aqui para avisar, não para pedir permissão. Essas mulheres não procuram no parceiro um líder para seguir, um pai que resolverá suas vidas ou um filho para resgatar. Elas não querem seguí-lo ou liderar o caminho para ninguém, elas querem andar ao seu lado.

Elas sabem que a vida livre de violência é um direito, não é um luxo ou um privilégio.

Elas expressam raiva, tristeza, alegria e medo, porque elas sabem que o medo não as tornam fracas, da mesma maneira que a raiva não as tornam "masculinos".

Essas duas emoções e as outras, juntas, a tornam humanas. E agora! Umamulher inteligente é livre, porque lutou por sua liberdade.

Mas ela não é uma vítima, ela é uma sobrevivente.

Não tente acorrentá-la, porque ela saberá como escapar. Lembre-se de que você já fez isso antes.

A mulher inteligente sabe que seu valor não está na aparência de seu corpo ouo que ela faz com isso. Pense duas vezes antes de julgá-la por idade, altura, volume ou comportamento sexual, porque isso é violência emocional e ela sabe disso.

Então... antes de abrir a boca para dizer o que você quer para uma mulher"inteligente" em sua vida, pergunte-se se você realmente é feito para se encaixar na dela.

O casamento é um de um laço de amor. Um laço que deve ser leve como um abraço, não apertado como um nó, mas firme o suficiente para não se desfazercom o vento.

O casamento deve ser feito de amor, de respeito e admiração. Deve sobreviverao fim da paixão, a tormentas e qualquer tipo de tentação. Num casamento, deve haver diálogo, não discussão. O importante não é saber quem tem razão, mas encontrar um consenso.

Num casamento, as duas partes devem aprender a ceder. Se apenas um cede, sem nada em troca receber, a frustração se instala e a amargura pode começara crescer.

As mágoas e tristezas que surgem não devem ser guardadas, devem virar palavras, que sejam escritas ou faladas. As palavras emudecidas, viram rancor. E não há nada melhor para acabar com o amor do que um baú de memórias cheio de rancor.

O casamento deve ser um compromisso feliz e espontâneo. Não um encargo pesado, uma obrigação. Num casamento, deve haver união, porque quando duaspessoas se juntam é para remar na mesma direção.

O casamento é apenas o começo! Um laço de amor que pode guardar umpresente maravilhoso para o futuro.

Ai, ai... Admiro tanto um homem que porta-se como homem. Não de um jeito másculo, rude, machista ou algo do tipo, mas com todo o charme que o sexo masculino exige. Homem educado, homem cheiroso, homem que não conta vantagem, que é discreto e reservado, mas abre seu coração e conta as suas histórias quando você pergunta com jeitinho... Homem que nos faz rir com seu humor inteligente, malicioso, mas também sabe o momento que não cabe fazeruma piada... Homem com sorriso bonito, com a barba por fazer, com cabelo desgrenhado, olhar ingênuo e forte ao mesmo tempo, temperamento doce e frases acertativas... Homem que brilha o olho quando fala da família que tem emais ainda quando fala da família que espera vir a ter um dia...Homem bem resolvido, que não faz joguinho e nem tipo, não tem filtro pra dizer o que pensa,ele pensa e diz: simples assim... Homem que não grita, argumenta de forma inteligente, que quase chega a te convencer. Homem que te faz sentir saudades, mas não demais a ponto de esquecê-lo e se envolver com outro...

Homem que toca violão e canta olhando no seu olho, ou mesmo que não toquee cante droga nenhuma, mas que sussurre a música de vocês no seu ouvido...

Admiro o homem que sabe o que quer, sabe onde quer chegar, tem metas e cumpre, tem foco, não fica esperando a vida passar, olhando pro horizonte...

Homem que se veste bem, que usa calça jeans com blusa branca, que tem braços e mãos bonitas, que sabe o poder de um abraço e é extremamente carinhoso e como já disse Martha Medeiros uma vez: "que não seja seu escravo, seu filho e nem seu pai, mas que escolha um papel na sua vida que ainda não tenha sido preenchido e o invente muitas vezes."

O coração das pessoas boas está cheio de lágrimas escondidas.

No coração das boas pessoas não cabe o sentimento de tristeza. Elas lutam pelos outros, nunca dizem não e são o melhor apoio em qualquer momento de necessidade. No entanto, quando choram, o fazem escondidas, porque não podem mais continuar, porque estão cansadas demais de serem fortes e suas almas necessitam dessas lágrimas para melhorar.

Esse tipo de situação de alta carga emocional é muito comum nas pessoas acostumadas a dar tudo de si por quem está ao seu redor. Chamamos essas pessoas de "boas pessoas" e, ainda que todos nós consigamos separar muito bem o que é bom e o que é ruim, existem determinadas personalidades muito mais aptas a gerar bem-estar aos outros. Assim, essas pessoas são mais sujeitas a ficarem sobrecarregadas, a se decepcionarem e a sofrerem emocionalmente.

Goethe, o poeta, dramaturgo e novelista, grande especialista, portanto, em emoções humanas, costumava dizer que quem nunca terminou uma refeição e depois se fechou em algum lugar para chorar nunca provou o autêntico sabor da vida. As pessoas choram por muitas e diversas razões, mas há quem simplesmente o faça, porque está cansado de aparentar que pode com tudo.

Que é invencível.

Choramos para nos libertar, para transformar a tensão em água salgada.
Choramos para que o medo encontre o alívio e para que a tristeza se transforme em um choro capaz de consolar. A forma como fazemos isso, seja junto a alguém ou sozinhos, como no caso das enfermeiras, não tem qualquer importância. O essencial é que consigamos alcançar uma cura adequada de acordo com as nossas necessidades particulares.

Para muitos psicólogos, as lágrimas nos ajudam a ter uma melhor compreensão de nosso mundo interior e de nossas necessidades. Essa expressão emocional atua primeiro como um tranquilizante, para depois nos permitir ver com uma clareza mental mais adequada às nossas necessidades que não estão sendo atendidas, que requerem, sem dúvida, uma mudança em nosso modo de ser.

O poder catártico das lágrimas pode alcançar um maior benefício se recorrermos ao bom choro. Segundo os especialistas, as lágrimas emocionais liberadas durante esse processo contêm muito mais proteínas e, desse modo, têm um poder curativo no organismo da pessoa.

Para concluir, as boas pessoas costumam chorar escondidas, porque desse modo conseguem um maior consolo e intimidade para poderem ser elas mesmas sem uma armadura, sem uma couraça que esconde o que está por dentro.

As armaduras sempre pesam e, ainda que um bom choro tranquilize e desfaça amarguras e decepções, nunca é demais priorizar a si mesmo de vez em quando e colocar limites para atender um pouco melhor o coração que, longe de ser de pedra, é de carne, sonhos e lágrimas salgadas.

Quando a dor não cabe mais no peito, transborda pelos olhos. Chorar é diminuir a profundidade da dor. Tentei ser forte e não chorar, mas, às vezes, o choro é o melhor desabafo. Deixa-me chorar para suavizar o que não sei dizer, mas sei sentir.

São os fortes que se permitem...

E a moça cresceu, mas continua uma menina.

É assim que ela se sente, porque ela ainda sonha, porque ela ainda tem a sua inocência, se enche de expectativas e, mesmo em meio às tribulações, ela não endurece seu pequeno coração.

Ela é assim, meiga e cheia de amor. E assim decidiu-se manter.

Através de experiências com certas dificuldades, aprendeu a ser mais segura, mais madura, a se amar mais e a lidar melhor com os obstáculos da vida.

Aprendeu a ser mulher! Aprendeu a amar mais o próximo, a amar o ser humano. A enxergar o outro lado da moeda. Aprendeu que cada escolha tem, sim, a sua renúncia. Aprendeu a encarar melhor os desafios. Sem medos e receios.

Ama a Deus acima de todas as coisas. E tem uma lista imensa de amores, por exemplo: sua família, seus poucos amigos — mas verdadeiros —, um moço que habita em seus sonhos, seus bichinhos de estimação, música, livros, entre muitos... Se permitindo sempre sorrir mesmo quando se tem tudo para chorar.

Ela tem respeitado cada dia mais seus sentimentos e isso tem sido tudo. Sabe ser a menina para si e a mulher para o mundo.

Parabéns menina-mulher que habita em mim, viva para sempre em meu coração.

Ela é uma menina
Que, às vezes, se esquece que é mulher...
Esquece que chama a atenção
Mas no fundo sabe
E adora... Beijos e abraços
Sorrisos e olhares
Conversas risonhas
Riso de menina...
Olhar de mulher.

Indiretamente diz o que quer
Sem malícia
Mas cheia de sedução...
Ninfeta, que provoca
Estremecendo corações.

Se olha no espelho...
Desce a rua sacudindo os cabelos
Olha como se não tivesse olhando
Mas não passa desapercebida na multidão.
Tem uma energia que se espalha e uma alegria que contagia.

Bruxa, fadinha, cigana
Menina, sereia, mulher
De todas essas
Qual que se quer?

Olha nos olhos
Fala com a alma
Beija com o corpo

Ama por inteiro.

Se entrega e cai de cabeça
Segue o coração, sempre.
Antes o impulso...
Agora tem que tocar o coração
Com razão, com emoção.

Ama poesia, chocolate e dias de chuva
Ama amar, sorrir, chorar, se emocionar...
Ama lilás, borboletas...
Ama beleza, leveza, simplicidade, liberdade!

Nudez, pode ter um significado diferente, e muito mais intenso.

É assistir a uma mulher desabotoar suas fantasias, suas dores, sua estória.

É erótico uma mulher que sorri, que chora, que vacila, que fica linda sendo sincera e fica uma delícia sendo divertida.

Que deixa qualquer um maluco, sendo inteligente.

Uma mulher que diz o que pensa, o que sente e o que pretende, sem meias-verdades, sem esconder seus pequenos defeitos...

O seu olhar brilhante,
A sua alma cheia de esperança.
Numa vida radiante.
Como é lindo a sua inocência.
A sua bondade e o seu divertimento.
À medida que vai ganhando experiência..
Nesta vida que voa ao ritmo do vento.
Como é lindo vê-la crescer.
Sempre, mas sempre a brincar...
Sem nunca deixar de aprender.
O que mais tarde terá que ensinar.
Como é lindo ouvir o seu falar...
Calmo, suave e inocente
Ao nos contar o que acabou de sonhar,
Sempre com uma alegria fluente.
Como é lindo tudo isto existir.
E nos encher o coração de esperança...
Que um novo futuro virá a sorrir,
E com ele a felicidade de uma criança.

REGUE-SE... CUIDE-SE... FLORESÇA...

Não é nenhuma novidade que dinheiro, viagens, status, beleza e outras coisinhas mundanas são sonhos de consumo de muita gente, mas não dão sentido à vida de ninguém. A única coisa que justifica nossa existência são as relações que a gente constrói. Só os afetos é que compensam a gente percorrer uma vida inteira sem saber de onde viemos e para onde vamos.

Diante da pergunta enigmática — por que estamos aqui? —, só nos consola uma resposta: para dar e receber abraços, apoio, cumplicidade, para nos reconhecermos um no outro, para repartir nossas angústias, sonhos, delírios. Para amar, resumindo.

Ser elegante vai além de ter bom gosto com roupas e saber se vestir. Elegância é algo que a gente carrega e não veste.

Regras de etiqueta da vida e não do armário para uma vida onde elegância é sinônimo de educação e bom comportamento.

Sabe o que é mesmo elegante? Ter bom senso e respeito.

Não é preciso estar em cima de um salto alto ou dentro de um terno caríssimo para ser elegante. As atitudes enfeiam pessoas que não tem bom comportamento.

A elegância está na simplicidade de um bom dia sincero para o porteiro que passou a noite toda acordado, no falar baixo quando o outro está perto, no saber ouvir quando o outro fala, e no saber sorrir quando isso é tudo o que você pode oferecer.

No saber agir sem agredir.

Uma pessoa elegante tem encantamento na voz, fala com propriedade e tem jeito com as palavras. Sabe chamar a atenção sem ser rude, sem ser vulgar, e tão pouco precisa expor o corpo o tempo inteiro. Saber observar sem se intrometer, sabe respeitar o espaço alheio.

A elegância está no tom da voz e no silêncio que também comunica. Na forma de se posicionar quando precisa, no jeito de ver o mundo.

Uma pessoa elegante não vive de fofocas, não inventa mentiras e não se mete em baixaria. Quem é elegante tem positividade, atrai pessoas do bem, vibra com a vida, com os sucessos, torce pelo outro, não tem inveja, carrega alegrias e otimismo, e sente com verdade. Não sabe viver de oportunismos, sabe se colocar nas oportunidades e não puxa saco nem tapete.

Elegância está no "com licença" e "muito obrigado". No reconhecimento do esforço, na empatia e na colaboração. Está na mão que ajuda, está também na gratidão.

E quanto mais conheço pessoas, mais percebo que a elegância está vestida de simplicidade e não de rótulos e invólucros sociais. Encontrei mais elegância calçada de chinelos que vestida de etiquetas, e isso não tem a ver com situação financeira, mas com referência de vida, criação e sabedoria.

Encontrei a elegância no ser e não no ter e percebi que é mais elegante aqueles que se vestem de amor. Amor verdadeiro!

REGUE-SE... CUIDE-SE... FLORESÇA...

    Algumas vezes na vida, você encontra uma amiga especial. Alguém que muda sua vida simplesmente por estar nela. Alguém que te faz rir até você não podermais parar. Alguém que faz você acreditar que realmente tem algo bom no mundo. Alguém que te convence que lá tem uma porta destrancada só esperando você abri-la. Isso é uma amizade pra sempre. Quando você está prabaixo e o mundo parece escuro e vazio, sua amiga pra sempre te põe pra cima e faz com que o mundo escuro e vazio fique bem claro. Sua amiga pra sempre te ajuda nas horas difíceis, tristes e confusas. Se você se virar e começar a caminhar, sua amiga pra sempre te segue. Se você perder seu caminho, ela te guia e te põe no caminho certo. Sua amiga pra sempre segura sua mão e diz que vai ficar tudo bem. Sua amiga é pra sempre, e pra sempre não tem fim.

Eu gosto é de gente assim

Gente de riso fácil, que são capazes de encher um ambiente. Daquele tipo que quando não está faz todos sentirem a sua falta e quando chega traz consigo o dom de contagiar.

Eu gosto de pessoas que não perdem seu tempo agredindo gratuitamente, pois vivem ocupadas em preencherem os vazios deixados em por quem não diz o que deveria ser dito. Pessoas que se entregam e quebram a cara. E sabem que por mais magoadas que estejam, fizeram o melhor que era possível ser feito.

Adoro gente que diz que ama, elogia, critica construtivamente e que está preocupada em melhorar o mundo. Que tem no seu vocabulário palavras e termos como "produtividade", "ser útil", "fazer a diferença". Seres que em geral são taxados de "ingênuos", "puros demais", que vêem o melhor nos outros — mesmo quando os outros lhes recebem apenas na base da porrada.

Aprecio aqueles que sabem o que são, pra que vieram e por que fazem o que fazem. Nada consegue mudar sua natureza, porém mesmo assim se reinventam todo dia. Estão sempre querendo saber mais, dispostos a aprender descobrir; um livro novo, um seriado, um instrumento, uma língua. Gosto do tipo capaz de combater o ódio com amor, humilde para reconhecer erros e forte para, não só levantar das quedas, mas reconhecer o chão que caiu. Quem sabe que é assim, mas nunca vai precisar dizer para convencer.

Estimo criaturas que tem sensibilidade. O tato para escolher as palavras a serem ditas e ideias a serem expostas sem precisar machucar ninguém à toa. O tipo que sabe diferenciar religião e espiritualidade, apego e amor, libertinagem e liberdade. E opta sempre pelo segundo. Por que no fundo entende por que não precisa provar nada pra ninguém.

Prezo pelo indivíduo que vê o inimigo como seu irmão, que é incapaz na maldade, porque compreende que as diferenças um dia não farão mais sentido. Afinal, elas serão sanadas por algo muito maior que qualquer disputa terrena.

Gente desapegada e apaixonada, anárquica e importada. Gente apaixonadapela vida, entusiasmada com seus sonhos. Que fica triste como todo mundo,mas feliz como ninguém.

Eu gosto é de gente assim... Que me vira de cabeça para baixo!

Pessoas perfeitas são como Viena, uma cidade linda, limpa, onde tudo funciona e você quase morre de tédio. Pessoas, como cidades, não precisam ser excessivamente bonitas. É fundamental que tenham sinais de expressão norosto, um nariz com personalidade, um vinco na testa que as caracterize.

Pessoas, como cidades, precisam ser limpas, mas, não ao ponto de não possuírem máculas. É preciso suar na hora do cansaço, é preciso ter um cheiro próprio, uma camiseta velha para dormir, um jeans quase transparente de tantoque foi usado, um batom que escapou dos lábios depois de um beijo, um rímel que borrou um pouquinho quando você chorou. Pessoas, como cidades, têm que funcionar, mas não podem ser previsíveis. De vez em quando, sem abusarmuito da licença, devem ser insensatas, ligeiramente passionais, demonstrar um certo desatino, ir contra alguns prognósticos, cometer erros de julgamento epedir desculpas depois, PEDIR DESCULPAS SEMPRE, para poder ter crédito e errar outra vez. Pessoas, como cidades, devem dar vontade de visitar, devemsatisfazer nossa necessidade de viver momentos sublimes, devem ser calorosas, ser generosas e abrir suas portas, devem nos fazer querer voltar, porém não devem nos deixar 100% seguros, nunca. Uma pequena dose de apreensão e cuidado devem provocar. Nunca deve-se deixar os outros esquecerem que pessoas, assim como cidades, têm rachaduras internas, portanto podem surpreender. Falhas. Agradeça as suas, que é o que HUMANIZA você, e nos FASCINA.

O amor é a motivação. É o ímpeto que te faz sair de casa de madrugada para pedir desculpas depois de uma briga, o motivo pelo qual você coloca a timidez de lado e chama a garota para sair, a razão pela qual você decide em primeira mão abrir a porta da sua vida para um relacionamento em si. É o início e o fim de tudo, mas só o amor sozinho não suporta o durante. A paciência, a cumplicidade, o respeito, a compreensão, o discernimento, o timing e um monte de sentimentos que na maioria das vezes são subjugados dentro de uma relação é que sustentam a travessia. Se qualquer um desses quesitos falha no seu propósito de construção de um alicerce sólido, o relacionamento acaba. Acaba porque você olha nos olhos do outro e não reconhece mais a essência daquela parceria. Acaba, porque o amor vira orquestra de um apego só, que nada mais faz do que ecoar um verbo solto no meio de um teatro vazio.

A gente presta tanta atenção no grosso da palavra amor, que se esquece das mensagens subliminares escondidas nas entrelinhas daquele parágrafo. Não basta amar até o último fio de cabelo e não respeitar o momento do outro, alimentar ciúmes descontrolados, possessividade, intolerância e um bocado depequenas feridas que acabam por matar o cerne da união. O amor é lindo, é mágico, é transformador e muda a vida da gente. Muda, nem que seja pra gente entender que ficar sozinho em determinada instância é melhor do que permanecer naquele enredo. Nem que seja pra olhar pra trás e assumir que amou sim, perdidamente, mas que foi necessário fechar aquela porta, porque os caminhos infelizmente não conseguiram se encaixar no presente do outro.

Não estou minimizando a força do sentimento mais potente e corajoso que existe no universo. Ele vai dar as caras quando você pensar em sair, ele vai frear a palavra no momento da fúria, ele vai te encher de coragem para reformular as versões de si que não se enquadram mais naquela travessia, para então tentar de novo. Contudo, mesmo o mais resiliente dos amores precisa de uma boa retaguarda para enfrentar a batalha diária que é sustentar um relacionamento saudável. O amor quando pede licença em uma morada precisa de paz e aconchego para conseguir se instalar. Ele só é tudo em uma relação, quando amparado por um berço de sentimentos cuidadosamente moldado. Fora isso, ele deixa de ser motivação, para ser um mero ocupante dos espaços vazios dentro do coração da gente. Melhor dizer adeus com um olhar recheado do amor mais lindo do mundo, do que ficar e deixar esse olhar morrer de inanição. Amor sozinho não sustenta uma relação, mas bem abraçado, ele resplandece com a graça e a doçura de um pássaro em voo: aquele que fica por livre arbítrio e não porque se sente aprisionado.

REGUE-SE... CUIDE-SE... FLORESÇA...

    Hoje em dia, as pessoas se decepcionam com coisas fúteis, tratam friamente aqueles que amam, deixam um relacionamento ser tomado pelo orgulho e depois dizem que tá faltando amor no mundo. O que tá faltando não é amor, é atitude. Atitude de dizer o que sente sem medo de ser rejeitado, coragem de dar o primeiro passo e fazer a sua parte independemente do outro. Surpreenda. E se tudo der errado? Se... na pior das hipóteses isso acontecer, não se preocupe. Você tem uma vida inteira para tentar novamente e quantas vezes forem preciso! Se nem o que é bom dura para sempre, o que te fere há de durar menos ainda. Por isso, viva insanamente, ame com intensidade e quando tudo acabar tenha orgulho de dizer "Eu só me arrependo do que eu não fiz".

Ninguém mais leva em conta quem você é, e sim o que você tem ou qual cargo possuímos. Bondade, caráter e gentileza estão fora de moda. As pessoas não são mais vistas pelas coisas que fazem pelo bom coração ou por sua educação... E sim pelo carro, roupas que usam ou corpo perfeito. O dia que eu me interessar por alguém para tirar algum proveito estarei sendo um ser humano pior.

Os valores se dissiparam ao longo do tempo; hoje em dia, a maioria das pessoas amam por conveniência, não por amor. Triste isso, mas o individualismo está se tornando comum, tudo isso foi trocado por interesse? Não consigo me adaptar a isso, sempre aprendi que devemos gostar e nos aproximar das pessoas pelo que elas são. Ficar com alguém, porque esse alguém me traz status, dinheiro!! Jamais isso sai fora da minha realidade e educação que eu tive, pois dinheiro e bens materiais podemos correr atrás, sem passar por cima dos outros.

Acho engraçado como as pessoas amam rápido hoje em dia só para enganar o ego e fazer com que as pessoas saibam disso como se fosse uma disputa com quem está de fora... é nesses amores momentâneos que corre o perigo.
Aprendi que não se deve expor felicidade em vitrine. Algumas pessoas querem te ver bem, mas não melhor que elas.

Hoje, há uma necessidade do ser humano em mostrar um certo poder atrás de carros, popularidade e status! Um grande sinal de insegurança, além de atrair falsos bajuladores. Jesus tinha a profissão mais humilde, a de carpinteiro... pedia o anonimato quando fazia alguns milagres. Também, elogiava em público e corrigia em particular.

Ele não queria ser popular, queria o amor do ser humano. A uma guerra em redes sociais para ver quem tem mais amigos adicionados ou fotos em baladas. Mera ilusão, no final um vazio ainda permanece, vamos cuidar da nossa mente, ter autocontrole, equilíbrio emocional para encarar os desafios desse mundo de materialismo.

A gente se acostuma a medir a vida em dias, meses, anos... Mas, será que émesmo o tempo que mede a nossa vida? Ou a gente devia contar a vida pelo número de sorrisos? De abraços? De conquistas? Amores? De sucessos e fracassos?

Por que ao invés de dizer tenho tantos anos, a gente não diz: tenho três amigos, oito paixões, quatro tristezas, três grandes amores e dezenas deprazeres?

A gente vai vivendo e, às vezes, esquece que a vida não é o tempo que agente passa nela, mas o que a gente faz e sente enquanto o tempo vai passando.

Dizem que a vida é curta, mas isso não é verdade. A vida é longa pra quem consegue viver pequenas felicidades. E essa tal felicidade vive aí disfarçada,como uma criança traquina brincando de esconde-esconde.

Infelizmente, às vezes, não percebemos isso. E passamos a nossa existênciacolecionando nãos. A viagem que não fizemos. O presente que não demos.A festa a qual não fomos. O ensinamento que não aprendemos. Aoportunidade que não aproveitamos.

A vida é mais emocionante quando se é ator, e não espectador. Quando se é piloto e não passageiro; pássaro e não paisagem.

Como ela é feita de instantes não pode e não deve ser medida em dias ou meses, mas em minutos e segundos.

O que você vai fazer com seu próximo minuto? Outro minuto que não voltará.Viva!

Porque a vida é agora.

E lembre-se que daqui a 10, 20 ou 30 anos, você se arrependerá muito maisdas palavras que não disse, das coisas que não fez, dos sonhos que não realizou, das oportunidades que não aproveitou, dos ensinamentos que não aprendeu, do que dos erros que houver cometido.

A vida é feita de surpresas, onde sua missão é viver... Alguns momentos podemdurar tão pouco e ficar na sua memória por muito tempo, algumas pessoas podem fazer pouquíssima parte da sua vida e ser considerada pra sempre. Eu imagino um dia em que todas as pessoas tivessem o direito de ser feliz, mesmo que seja só por um momento, para ter a oportunidade de sentir o que realmente desejam e acreditar que sonhos não são bobagens. Às vezes, você percebe que as aparências enganam e você pode sofrer muito com isso! O tempo é uma coisa que não permite voltar para trás, então, só se arrependa do que você não fez, aproveite cada segundo da sua vida... Para ficar guardado eternamente em sua memória!!!

Qual é a dose de verdade que uma pessoa pode suportar.

REGUE-SE... CUIDE-SE... FLORESÇA...

Ando tão à flor da pele... Ando tão cansada... Você já deve ter ouvido sobre ofalso político, falso médico, falso policial, falso pastor, falso obreiro, perfis emredes sociais falsos etc. Por isso, vemos a sociedade em falência de valores. A corrupção do coraçãohumano chegou a tal ponto que tem sido uma árdua tarefa viver.

Parece normal e aceitável a falsidade.

A pior crise não é econômica ou política. O problema não é o aumento da gasolina ou a falta de educação, como muitos acham. Apesar disso tudo ser muito ruim, há coisas muito piores que alojam-se no interior e torna a pessoano que ela de fato é.

Tem pessoas dispostas a fazerem tudo para se promoverem e para realizaremsuas ambições pessoais.

Bajulam, simulam ser o que não são, mostram a doçura de adoçante (nada natural) a quem interessa, sutilmente desmoralizam o outro, manipulam, criammal-entendidos e tem uma habilidade em dizer o que as pessoas gostam de ouvir.

E muitas vezes pessoas falsas conseguem alcançar posições de destaque.Geram discípulos — gente com o mesmo caráter.

A quem interessa: delicadeza, beijinhos, largos sorrisos, tapinha nas costas e favores.

A quem não interessa: indiferença, pisão no pé, piadinhas e grosserias. É familiar a você alguma situação dessas?

Já havia muitos hipócritas na época do Senhor Jesus. Eles causaram um prejuízo enorme à fé. Colocavam fardos nas pessoas com ensinamentos impraticáveis de tão pesados. Transformaram o templo em covil de salteadores, seus seguidores eram cascudos de tanta religiosidade. Foram os únicos que ouviram severas palavras do Senhor Jesus, como: "raça de víboras,exteriormente parecem justos, mas no íntimo são sepulcros caiados".

Sabia que pessoas muito emocionais correm mais riscos de serem enganadase sofrer. Então, seja racional e observe sempre.

Não acredite em tudo que lhe falam, principalmente se for um assunto referente a uma outra pessoa — questione (mesmo que internamente). Isso evita que você cometa injustiça, caso não seja verdade.

Tenha uma visão macro, ou seja, percepção daquela pessoa com todas asdemais. Isso ajuda a discernir o caráter e a intenção dela.

E não posso terminar este texto só falando dos outros...

E não posso terminar este texto só falando dos outros e esquecendo de nós mesmos.

Devemos nos avaliar em cada detalhe:

Só faça um elogio se realmente acha que merece — as redes sociais estãocheias desse comportamento. Escrevem LINDA, quando na verdade acha horrível.

Não diga que está morrendo de saudades, quando de fato não gostaria deconviver mais com aquela pessoa.

Não vá à igreja para cumprir uma obrigação.

Nunca demonstre ser o que não é.

Seja sincero sempre, mesmo que isso te faça ter menos amigos; ou seja excluído de algum círculo de convívio. Pode ser que o seu caminho seja mais difícil e longo, todavia é o melhor a trilhar.

Para mim, não há nada mais valioso quando alguém me oferece sua amizade sincera. E você?

Ninguém é obrigado a gostar de ninguém, mas existe uma coisa que se chamarespeito. Caráter... Ou você tem... Ou você não tem.

Um dia você percebe que o amor é algo que se encontra muito além de um belo sorriso...que as coisas simples da vida são também as mais importantes e que o teu fracasso ou o teu sucesso dependem exclusivamente de suas escolhas.

Um dia você percebe que maior parte da tua felicidade é construída por você mesmo, que poucas coisas confortam tanto a dor sofrida, quanto o bem que se faz, que sempre se é feliz quando se tem bons amigos e que quem realmente te merece não faz você sofrer.

Um dia você percebe o quanto é bom acordar cedinho para ver o Sol nascer! Percebe que muitos erros cometidos têm a intenção de acertar e que nas pessoas, assim como em um bom perfume, o que vale não é o frasco, mas a essência.

Um dia você percebe que cada um oferece aquilo que tem e que transborda de dentro de si, que não nos cabe julgar, nem punir nada aqui, mas apenas compreender, e que o silêncio muitas vezes é a maior sabedoria que podemos expressar. Em um lindo dia, você percebe que, de certo modo, o Amor é apenas uma maneira de olhar, que a felicidade não tem muito a ver com dinheiro ou status e que as pessoas mais valiosas em sua vida são justamente aquelas que sempre estiveram ao teu lado.

Um dia você percebe que tua felicidade não deve depender dos outros, mas exclusivamente de você, e que o mais importante não é que você encontre alguém que te ame de verdade, mas que você se ame sempre, imensamente!!

Mulher, elegância não é a cintura fina, charme não é a bolsa cara e o salto alto, postura não é a coluna ereta, atraente não é ter o bumbum empinado, caráter não é hipocrisia, não é negar o que você faz, tampouco fazer-se de "santa", beleza não é o salário alto e a barriga lisinha.

Caráter é boa conduta, caráter são atos adequados às palavras, beleza é humor, dignidade e decência, postura é personalidade forte, é saber o que se deseja e batalhar com altivez e honestidade.

Elegância é a classe nas atitudes, é transparência na forma de viver, é ter os olhos brilhando e as palavras suaves. Atraente é a forma com que vive, com que age, com que fala, atraentes são as palavras gentis, porém sinceras.

Charme é a franqueza sem estupidez, é saber a hora de silenciar e o momento apropriado para falar, charme é saber pedir "desculpas", é chorar, borrar a maquiagem, mas virar a página sem lastimar, sem estragar o humor, sem pisar em quem não merece.

Postura é atitude firme, é o amor próprio refletido nos atos, na altivez com que se faz opções, na dignidade com que se muda de objetivos e se estabelece novas metas. Ser mulher é uma dádiva, mas ser uma boa mulher não é mérito de todas.

Que qualidade primeira a gente deve esperar de alguém com quem pretende um relacionamento? Perguntou-me o jovem jornalista, e lhe respondi: aquelas que se esperaria do melhor amigo. O resto, é claro, seriam os ingredientes da paixão, que vão além da amizade. Mas a base estaria ali: na confiança, na alegria de estar junto, no respeito, na admiração.

Na tranquilidade. Em não poder imaginar a vida sem aquela pessoa. Em algo além de todos os nossos limites e desastres.

Talvez, seja um bom critério. Não digo de escolha, pois amor é instinto e intuição, mas uma dessas opções mais profundas, arcaicas, que a gente faz até sem saber, para ser feliz ou para se destruir. Eu não quereria como parceiro de vida quem não pudesse querer como amigo. E amigos fazem parte de meus alicerces emocionais: são um dos ganhos que a passagem do tempo me concedeu. Falo daquela pessoa para quem posso telefonar, não importa onde ela esteja, nem a hora do dia ou da madrugada, e dizer: "Estou mal, preciso de você". E ele ou ela estará comigo pegando um carro, um avião, correndo alguns quarteirões a pé ou simplesmente ficando ao telefone o tempo necessário para que eu me recupere, me reencontre, me reaprume, não me mate, seja lá o que for.

Mais reservada do que expansiva num primeiro momento, mais para tímida, tive sempre muitos conhecidos e poucas, mas reais, amizades de verdade, dessas que formam, com a família, o chão sobre o qual a gente sabe que pode caminhar.

Sem elas, eu provavelmente nem estaria aqui. Falo daquelas amizades para as quais eu sou apenas eu, uma pessoa com manias e brincadeiras, eventuais tristezas, erros e acertos, os anos de chumbo e uma generosa parte de ganhos nesta vida.

Para eles não sou escritora, muito menos conhecida de público algum: sou gente.

A amizade é um meio-amor, sem algumas das vantagens dele, mas sem o ônus do ciúme — o que é, cá entre nós, uma bela vantagem. Ser amigo é rir junto, é dar o ombro para chorar, é poder criticar (com carinho, por favor), é poder apresentar namorado ou namorada, é poder aparecer de chinelo de dedo ou roupão, é poder até brigar e voltar um minuto depois, sem ter de dar explicação nenhuma. Amiga é aquela a quem se pode ligar quando a gente está com febre e não quer sair para pegar as crianças na chuva: a amiga vai, e pega junto com as dela ou até mesmo se nem tem criança naquele colégio. Amigo é aquele a quem a gente recorre quando se angustiademais, e ele chega confortando, chamando de "minha gatona" mesmo que a gente esteja um trapo. Amigo, amiga, é um dom incrível, isso eu soube desde cedo e não viveria sem eles.

Conheci uma senhora que se vangloriava de não precisar de amigos: "Tenho meu marido e meus filhos, e isso me basta". O marido morreu, os filhos seguiram sua vida, e ela ficou num deserto sem oásis, injuriada como se o destino tivesse lhe pregado uma peça. Mais de uma vez se queixou, e nunca tive coragem de lhe dizer, àquela altura, que a vida é uma construção, também a vida afetiva. E que amigos não nascem do nada como frutos do acaso: são cultivados com... amizade. Sem esforço, sem adubos especiais, sem método nem aflição: crescendo como crescem as árvores e as crianças quando não lhes faltam nemluz nem espaço nem afeto.

Quando em certo período o destino havia aparentemente tirado de baixo de mim todos os tapetes e perdi o prumo, o rumo, o sentido de tudo, foram amigos, amigas e meus filhos, jovens adultos já revelados amigos, que seguraram as pontas.

E eram pontas ásperas aquelas. Aguentei, persisti e continuei amando a vida, as pessoas e a mim mesma (como meu amado amigo Erico Verissimo, "eu meamo, mas não me admiro") o suficiente para não ficar amarga. Pois, além de acreditar no mistério de tudo o que nos acontece, eu tinha aqueles amigos.

Com eles, sem grandes conversas, nem palavras explícitas, aprendi solidariedade, simplicidade, honestidade e carinho. Nesta página, hoje, sem razão especial nem data marcada, estou homenageando aqueles e aquelas que têm estado comigo seja como for, para o que der e vier, mesmo quando estou cansada, estou burra, estou irritada ou desatinada, pois, às vezes, eu sou tudo isso. Ah! Sim. E o bom mesmo é que na amizade, se verdadeira, a gente não precisa se sacrificar, nem compreender, nem perdoar, nem fazer malabarismos sexuais, nem inventar desculpas, nem esconder rugas ou tristezas. A gente pode simplesmente ser: que alívio, neste mundo complicado e desanimador, deslumbrante e terrível, fantástico e cansativo. Pois o verdadeiro amigo é confiável e estimulante, engraçado e grave, às vezes, irritante; pode se afastar, mas sabemos que retorna; ele nos aguenta e nos chama, nos dá impulso e abrigo e nos faz ser melhores: como o verdadeiro amor.

Toda a gente que eu conheço e que fala comigo
Nunca teve um ato ridículo, nunca sofreu enxovalho,
Nunca foi senão príncipe — todos eles príncipes — na vida...
Quem me dera ouvir de alguém a voz humana
Que confessasse não um pecado, mas uma infâmia;
Que contas, se não uma violência, mas uma cobardia!
Não, são todos o Ideal, se os oiço e me falam.
Quem há neste largo mundo que me confesse que uma vez foi vil?
Ó, príncipes, meus irmãos,
Arre, estou farto de semideuses!
Onde é que há gente no mundo?

Sou feita de sonhos, detalhes despercebidos...

Por fora sou uma menina, por dentro uma mulher que poucos conhecem!!!

Aquela que ri de qualquer bobagem, que se assusta com tudo, que chora para aliviar a dor...

Aquela cheia de manias, gostos e reações estranhas fora do comum, aquelapessoa paciente, mas ansiosa.

Aquela que não consegue esconder o sorriso. Aquela que se diverte com pouco.

Aquela que fala pelos cotovelos, mas gosta de pensar em silêncio. Aquela que se magoa fácil, mas que sabe perdoar.

Aquela garota orgulhosa, mas que reconhece seus erros. Aquela que tem inúmeros defeitos, mas qualidades incríveis. Uma pessoa comum, mas não uma pessoa qualquer!!!

Sou uma mulher madura que, às vezes, brinca de balanço, que ama as coisasmais simples da vida, que dorme abraçada com ursinho de pelúcia.

Aquela que não consegue esconder o sorriso. Aquela que se diverte com pouco.

Que quando criança queria voar e que, ao crescer, virou borboleta.

Sou livre, dona de mim, dona dos meus pensamentos, das minhas atitudes.

Uma pessoa que não suporta injustiças, mesmo sabendo que ela pode ser beneficiada com isso.

Uma pessoa que jurou não confiar nas pessoas, mas depois esqueceu ojuramento.

Uma pessoa que tem uma fé imensa no invisível e acredita piamente que "tudo que se planta, colhe" e que "nada acontece por acaso".

Uma pessoa que já se importou com a opinião alheia, depois descobriu que a opinião mais importante era a dela.

Enfim, uma pessoa que está sempre aprendendo e que quer fazer a diferença na Vida!!

Sou as minhas atitudes, os meus sentimentos, as minhasideias... Surpresas, gargalhadas, lágrimas...

Enfim, o que eu sinto, quem eu sou, você só vai perceber quando olhar nosmeus olhos, ou melhor, além deles.

Sou muito mais que estas letras, frases e fotos que falam sobre mim.
"Sou pessoa de dentro pra fora."
Minha beleza está na minha essência e no meu caráter.

Você conhece os vários tipos de homens? Talvez, conheça algum homem que se encaixe em algum dos tipos a seguir.

Homem tipo "Bananão":
Esse tipo de homem é aquele que adora ser "conduzido", em relação a tudo, fazda mulher uma "segunda-mãe". Você se dará bem com esse tipo de homem se, como mulher, tiver em excesso instintos maternais para adotar uma "criança grande"...

Homem "Bobão": adora ser enganado, adora ser a segunda opção de uma mulher, só é feliz quando usado por uma bem esperta. Não dê carinho, atenção e muito menos seja honesta. Ele não suportará!

Homem tipo "Tímido Carente": o coitadinho está apavorado, está carente, mas é, também, excessivamente tímido quando o assunto é o sexo oposto e precisa urgente de alguém que oestimule. Caso você seja uma mulher que tenha instintos filantrópicos, aproxime-se com bastante cuidado para não assustá-lo e seja amiga dele, e aos poucos ele se entregará todinho para você, ele só precisa de um empurrão...

"Homem tipo "Tarado": cuidado, esse tipo só "pensa naquilo" e no prazer dele e não sabe em absolutoque a mulher precisa sentir-se amada e respeitada. O rótulo "tarado" geralmente está escrito na testa dele, porque esse tipo não consegue disfarçar e como tal a "linguagem corporal" o identifica de imediato...

Homem tipo "Sofá-cerveja": esse tipo de homem é bastante comum, portanto se você é mulher do tipo quegosta de solidão e sentir-se ignorada, eis aqui o seu tipo ideal de homem. Ele fica no sofá com um copo de cerveja na mão assistindo ao futebol numa tarde de sábado ou domingo, mas ele também é social, social com os amigos dele, sempre saindo com os amigos para pescar, jogar futebol e outras atividades, e deixa você em casa, sozinha, curtindo a solidão que você tanto gosta. Muito fácil de identificar, geralmente tem bafo de cerveja, palito nos dentes, camisa aberta e a maioria deles fuma sem parar...

Homem tipo "Machão": esse tipo de homem é, também, muito comum e muitas mulheres gostam de serem conduzidas por ele, às vezes, ele age como se fosse seu "segundo pai", tipo agressivo, violento e desatualizado, pois ele não sabe absolutamente que o tipo "Coronel" que existia há muito tempo já está extinto, mas ele é teimoso eainda se faz presente dando ordens até para as paredes e para as mulheres que adoram esse tipo. Este tipo de homem é fácil de ser identificado: costuma andar com jaquetas de couro, gosta de motocicletas e usa em exagero óculos de sol até mesmo quando não há nenhum sol que justifique esse tipo de proteção para os olhos...

Homem tipo "Don Juan": esse tipo de homem é também conhecido como "homem galinha". É um poucoidiota, porque não sabe ainda que apesar de poder enganar a todos por algum tempo e enganar alguns o tempo todo, jamais poderá enganar a todos o tempotodo. E uma boa notícia para as mulheres nesse sentido, neste mundo moderno cheio de tecnologia muito eficientes, os japoneses inventaram recentemente uma excelente arma a favor das mulheres que estiverem interessadas, trata-se de um "spray" especial, que pode ser chamado de "spray forensico" (ciência de desvendar e provar o autor do crime). Assim como o luminol usado pelos detetives detecta a presença de sangue invisível a olho nu, esse "spray" detecta a presença de atividades amorosas nas roupas íntimas.

Fácil de identificar este tipo de homem: geralmente são homens atraentes, sexy aos olhos femininos, exibem anéis e correntes de ouro, sempre bem trajados, usam perfume discreto, usam "fala" mansa e muito educados, semprerontos a prestar alguma ajuda, e jamais aceitam "um não" como resposta aosseus instintos e às mulheres carentes e, às vezes, as não carentes também, são "presas fáceis" desse tipo de homem e não escapam às suas investidas...

Homem tipo "encosto": esse tipo de homem realmente está muito contente com o grande avanço do movimento feminista e ele aceita totalmente essa liberação e progresso das mulheres, porque com isso, ele agora pode e tem onde se encostar. Não gostade trabalhar, e ele considera que ela trabalha e ganha para pagar as contas e para o sustento da família. Muito estranho que tenha algumas mulheres que adora o fato dele ser "um dependente total" delas, elas aceitam e ainda gostam dessa situação, pois isso dá a elas a certeza e confiança de que sempre vai tê-lo por perto, porque assim como ela quer tê-lo "como-um-objeto-de-uso", ele também não quer se desfazer dessa "fonte-de-renda". Mas até aí tudo bem, desde que ambos aceitem essa situação e estejam contentes, ninguém tem nada haver com isso. E para as mulheres que não gostam desse tipo, nãoculpem os homens, culpem as mulheres, aquelas que pelo fato de gostarem desse tipo, deixaram que esse tipo de homem crescesse e com isso, há agora muitos deles na praça...

Homem tipo "Ideal": caso você seja uma mulher que tenha bastante paciência, então decida por esse tipo de homem, porém saiba que esse tipo é muito raro e se você estiver com pressa de encontrá-lo, você jamais conhecerá um deles. Esse é o tipo de homem que vai desejar dividir e compartilhar tudo com você, vai querer resolver tudo com você, ele não aceita receber ordens de você, mas ele também não lhe dá ordens, tem uma coisa que ele adora, não por ser orgulhoso, mas simplesmente por fazer parte dos instintos masculinos: ele adora quando você é esperta o bastante para tomar uma decisão, mas você faz isso com uma tal classe e inteligência que você deixa ele pensar que a decisão final foi dele, e mesmo ele sabendo que você sabe que ele sabe que foi feito dessa forma, mesmo assim ele gosta dessa sua atitude, e esse é um dos pontos onde você leva mais vantagem em levar esse tipo de homem para casa. E tem mais: até na cama ambos serão ativos e passivos, igualdade, total e absoluta.

Antes de procurar qualquer desses tipos aqui apresentados, examine primeiro qual seria o seu tipo, pode ser que dependendo de você, você poderia estar fazendo uma má escolha procurando pelo rótulo do homem "tipo ideal". E boa sorte nesse Universo masculino à sua volta, escolha o seu tipo de homem, leve para casa e seja feliz.

Sou mulher na essência plena brasileira... Morena, fagueira. Menina e mulherfaceira...

Prendo meu amor entre as coxas e na poesia. Me doo sem metades nem meios. Inteira!

Meus carinhos e afetos são sempre. Sem fim... Sou anjo de mãos macias, gentis, mas firmes.

Sou dengosa, doce, cheirosa e cheia de prosa. Procuro no amado o ser que me faz e define.

E o que me delata são gargalhadas e dias de sol... Alma, musicalidade epoemas. Toda minha alegria.

Me entrego à vida sem culpas ou remorsos.

Dona dos meus passos, sou sombra fresca e dócil. Pois sou o que posso e o que me permito ser...

Sou corpo. Mas também alma, templo e sacerdócio.

Você pode ter defeitos, ser ansioso, e viver alguma vez irritado, mas não esqueça que a sua vida é a maior empresa do mundo. Só você pode impedir que vá em declínio.Muitos lhe apreciam, lhe admiram e o amam. Gostaria que lembrasse que ser feliz não é ter um céu sem tempestade, uma estrada sem acidentes, trabalho sem cansaço, relações sem decepções. Ser feliz é achar a força no perdão, esperança nas batalhas, segurança no palco do medo, amor na discórdia. Ser feliz não é só apreciar o sorriso, mas também refletir sobre a tristeza. Não é só celebrar os sucessos, mas aprender lições dos fracassos. Não é só sentir-se feliz com os aplausos, mas ser feliz no anonimato. Ser feliz é reconhecer que vale a pena viver a vida, apesar de todos os desafios, incompreensões, períodos de crise. Ser feliz não é uma fatalidade do destino, mas uma conquista para aqueles que conseguem viajar para dentro de si mesmo. Ser feliz é parar de sentir-se vítima dos problemas e se tornar autor da própria história. É atravessar desertos fora de si, mas conseguir achar um oásis no fundo da nossa alma. É agradecer a Deus por cada manhã, pelo milagre da vida. Ser feliz, não é ter medo dos próprios sentimentos. É saber falar de si. É ter coragem de ouvir um "não". É sentir-se seguro ao receber uma crítica, mesmo que injusta. É beijar os filhos, mimar os pais, viver momentos poéticos com os amigos, mesmo quando nos magoam. Ser feliz é deixar viver a criatura que vive em cada um de nós, livre, alegre e simples. É ter maturidade para poder dizer: "errei". É ter a coragem de dizer: "perdão". É ter a sensibilidade para dizer: "eu preciso de você". É ter a capacidade de dizer: "te amo". Que a tua vida se torne um jardim de oportunidades para ser feliz... Que nas suas primaveras seja amante da alegria. Que nos seus invernos seja amante da sabedoria. E que quando errar, recomece tudo do início. Pois somente assim será apaixonado pela vida. Descobrirá que ser feliz não é ter uma vida perfeita. Mas usar as lágrimas para irrigar a tolerância. Utilizar as perdas para treinar a paciência. Usar os erros para esculpir a serenidade.

Utilizar a dor para lapidar o prazer. Utilizar os obstáculos para abrir janelas deinteligência. Nunca desista. Nunca renuncie às pessoas que te ama. Nunca renuncie à felicidade, pois a vida é um espetáculo incrível.

Por muito tempo achei que a ausência é falta. E lastimava, ignorante, a falta.

Hoje, não a lastimo.

Não há falta na ausência. A ausência é um estar em mim.

E sinto-a, branca, tão apegada, aconchegada nos meus braços, que rio e danço e invento exclamações alegres, porque a ausência, essa ausência assimilada, ninguém a rouba mais de mim!

Olhar para o passado só é bom quando se é livre dele. Ainda não cultivei a arte do desapego, não sei soltar a mão sabendo que o que volta é o que fica, tenho medo. Tenho tanto medo que errei muito com você e acabei te perdendo.

Acabamos nos perdendo no exato instante em que nos encontramos por dentro.

Amar é simples, relacionamentos é que são complexos. Eu quis tanto ser o teu lado fácil, a mão que te acolhe, aquele amor eterno. Quis tanto ser o beijo de madrugada, teu eterno não compromisso, o nosso amor livre. Eu quis tanto ser um pedaço de nós dois sem ser de ninguém, mas sou apenas humano.

Qualquer tentativa de desapego exige de mim níveis de evolução que ainda não alcancei. E eu tentei, mas — me perdoa — não consegui. Minha mania de controle me ensinou que é impossível controlar emoções quando meus pensamentos já não deitam sobre meu travesseiro.

Teu cheiro ainda vaza das minhas mãos, o calor dos teus lábios ainda percorrem o meu corpo e meu corpo, meu corpo sangra em saudade doída. Queria mais uma vez poder te olhar os olhos pretos e dizer-te nada, absolutamente nada, contrário a tudo o que eu fui um dia. Queria te sorrir de longe, alheia às nossas vidas, e entender a linha tênue entre nossos olhares e sorrisos de canto delimitando a eternidade de um amor que um dia viveu; e que apenas adormece. Queria essa certeza de que as coisas não morrem, que existem sentimentos que apenas se aquietam embaixo das cicatrizes, queria perceber uma entrelinha em você que acalentasse meu coração tão cheio de buracos. Meu nó no peito, minha falta de orgulho. Por que devo calar sentimentos? Por que devo fingir que você passou em mim quando a verdade ecoa por dentro todos os dias? Para te proteger, para te proteger do meu amor.

Fui eu quem decidiu ir embora quando você não pediu pra ficar. Fui eu quem soltou a mão esperando que voltasse.

Fui eu quem perdeu o controle de uma paixão desmedida.

Fui eu quem atravessou a rua para escolher tudo que não fosse você.

Mas saiba que não morreu em mim. Saiba que um pedaço do meu peito ainda mora no nosso último abraço. Entenda que nem sempre a paixão é escolha.

Me perdoa por ter te deixado entrar de maneira tão brutal na minha vida. Evolta um dia, quando estiver preparado, quando o amor descansar solene debaixo dos nós na garganta.

Quanto vale uma pessoa? Um amigo, um amor? Quanto vale aquele livro que você morre de ciúmes? Ou aquele amigo que quase nunca liga? Como algum escritor disse por aí, "cada pessoa vale o sentimento que desperta na gente". Tem gente que vale uma risada deliciosa regada de paz interior. Tem gente que vale a nossa autoconfiança, a nossa rebeldia, o nosso amor silencioso, o nosso amor sem querer nada em troca, as nossas noites mal dormidas, os nossos sonhos empacotados embaixo da árvore cujo plano de fundo são as estrelas. Outros valem uma conversa boa e duradoura, um choro de alegria, uma ansiedade que faz nascer borboletas no estômago. Tem gente que vale nossa paz infinita quando abraçamos como se não houvesse o depois, como se o futuro não existisse, mas coubesse no abraço.

Essa grande festa de Ano Novo, ensaia um desejo muito grande de ver todos os sonhos realizados e todas as esperanças renovadas para o novo momento.

Uma nova etapa que se apresenta cheia de encantos e novidades.

Proponho que deixe a alegria despertar seus sentimentos e seu entusiasmo pela vida.
Estamos tendo a oportunidade de refletir sobre tudo que vivemos e diante desse novo ano que se inicia, temos duas opções.

Ou arrastamos nossas experiências e entramos carregados de lembranças e pendências no próximo ano, ou deixamos tudo para trás, e aproveitamos o momento de recomeço para iniciarmos uma nova caminhada em busca da felicidade.

Espero que você escolha o melhor e que consiga realizar todos os seus sonhos.

Quero que chegue até você, a brisa amiga da felicidade, quero que as luzes deste ano novo, iluminem seus sonhos e que a alegria desse dia possa ser compartilhada com as pessoas que fazem parte de sua vida.

Nasceste no lar que precisavas,
Vestiste o corpo físico que merecias,
Moras onde melhor
Deus te proporcionou,
De acordo com teu adiantamento.
Possuis os recursos financeiros coerentes
Com as tuas necessidades, nem mais,
nem menos, mas o justo para as tuas lutas terrenas.
Teu ambiente de trabalho é o que elegeste espontaneamente para a tua realização.
Teus parentes, amigos são as almas que atraíste, com tua própria afinidade.
Portanto, teu destino está constantemente sob teu controle.
Tu escolhes, recolhes, eleges, atrais,
buscas, expulsas, modificas tudo aquiloque te rodeia a existência.
Teus pensamentos e vontade são a chave de teus atos e atitudes....
São as fontes de atração e repulsão na tua jornada de vivência.
Não reclames nem te faças de vítima.
Antes de tudo, analisa e observa.
A mudança está em tuas mãos.
Reprograma tua meta,
Busca o bem e viverás melhor.
Embora ninguém possa voltar atrás efazer um novo começo.

Hoje acordei mais eu! Fazia muito tempo que eu não sabia mais em que momento me perdi e como me recuperar. Às vezes, vamos nos adaptando ao ambiente como massinha de modelar: horas é necessário de fato ser mais flexível e quando menos percebemos, deixamos de fazer uma coisa que se gosta daqui, fazer uma coisa que não gosta dali, muitas vezes, para ver o outro feliz. E vamos vivendo do querer e da felicidade do outro, da harmonia do ambiente, dos sorrisos tirados dos outros, e por muito tempo isso é o bastante. Mas até quando? Um dia desses, me olhei no espelho, sem saber do que eu realmente gostava. Os meus motivos de felicidade estavam todos ligados aos próximos e quase nenhum a mim mesma. Continuo e continuarei sendo feliz com a felicidade do outro, mas nunca mais esquecerei de mim! Afinal, gente feliz automaticamente faz gente feliz. E quem te amar, que saiba quem verdadeiramente você é: com erros e acertos, coisas boas e ruins. O que realmente importa, é ter amor, amar e acima de tudo, amar o que não é espelho de ti.

QUANDO A CASA DOS AVÓS SE FECHA

Acho que um dos momentos mais tristes das nossas vidas é quando a porta dacasa dos avós se fecha para sempre, ou seja, quando essa porta se fecha, encerramos os encontros com todos os membros da família que, em ocasiões especiais, quando se reúnem, exaltam os sobrenomes como se fossem uma família real e eles (os avós) são culpados e cúmplices de tudo.

Quando fechamos a casa dos avós também terminamos as tardes felizes comtios, primos, netos, sobrinhos, pais, irmãos e até recém-casados que se apaixonam pelo ambiente que ali se respira. Não precisa nem sair de casa, estar na casa dos avós é o que toda família precisa para ser feliz.

As reuniões de Natal, regadas com o cheiro da tinta fresca, que a cada ano quechegam pensamos "...e se essa for a última vez"? É difícil aceitar que isso tenha um prazo, que um dia tudo ficará coberto de poeira e o riso será uma lembrança longínqua de tempos melhores.

O ano passa enquanto você espera por esses momentos e, sem perceber, passamos de crianças abrindo presentes, a sentarmos ao lado dos adultos namesma mesa, brincando do almoço, e do aperitivo para o jantar, porque o tempo da família não passa e o aperitivo é sagrado.

A casa dos avós está sempre cheia de cadeiras, nunca se sabe se um primovai trazer namorada, porque aqui todos são bem-vindos.
Sempre haverá uma garrafa térmica com café, ou alguém disposto a fazê-lo. Você cumprimenta as pessoas que passam pela porta, mesmo que sejam estranhas, porque as pessoas na rua dos seus avós são o seu povo, eles são a sua cidade.

Fechar a casa dos avós é dizer adeus às canções com a avó e aos conselhos do avô, ao dinheiro que te dão secretamente dos teus pais como se fosse umailegalidade, chorar de rir por qualquer bobagem, ou chorar a dor daqueles quepartiram cedo demais. É dizer adeus à emoção de chegar à cozinha e descobrir as panelas e saborear a "comida da nona".

Portanto, se você tiver a oportunidade de bater na porta dessa casa e alguém abrir para você por dentro, aproveite sempre que puder, porque ver seus avós ou seus velhos sentados esperando para lhe dar um beijo é a sensação mais maravilhosa que você pode sentir na vida.

Descobrimos que agora nós temos que ser os avós, e nossos pais se foram. Nunca vamos perder a oportunidade de abrir as portas para nossos filhos e netos e celebrar com eles o dom da família, porque só na família é onde os filhos e os netos encontram o espaço oportuno para viver o mistério do amor por quem está mais próximo e por quem está ao seu redor.

Aproveite bem a casa dos avós, aproveite cada segundo. Pois chegará um tempo em que, na solidão de suas paredes e recantos, se fechar os olhos e se concentrar, você poderá ouvir, talvez, o eco de um sorriso ou de um grito, presno tempo.

Posso dizer que ao abri-los, a saudade vai pegar você, e você vai se perguntar: por que tudo foi tão rápido? E vai ser doloroso descobrir que o tempo não foi embora... Nós o deixamos ir!

O permanente e o provisório

O casamento é permanente, o namoro é provisório.

O amor é permanente, a paixão é provisória.

Uma profissão é permanente, um emprego é provisório.

Um endereço é permanente, uma estada é provisória.

A arte é permanente, a tendência é provisória.

De acordo? Nem eu.

Um casamento que dura 20 anos é provisório. Não somos repetições de nós mesmos, a cada instante somos surpreendidos por novos pensamentos que nos chegam através da leitura, do cinema, da meditação. O que eu fui ontem, anteontem, já é memória. Escada vencida degrau por degrau, mas o que eu sou neste momento é o que conta, minhas decisões valem pra agora, hoje é o meu dia, nenhum outro.

Amor permanente... como a gente se agarra nessa ilusão. Pois se nem o amor pela gente mesmo resiste tanto tempo sem umas reavaliações. Por isso nos transformamos, temos sede de aprender, de nos melhorar, de deixar pra trás nossos imensuráveis erros, nossos achaques, nossos preconceitos, tudo o que fizemos achando que era certo e hoje condenamos. O amor se infiltra dentro de nós, mas seguem todos em movimento: você, o amor da sua vida e o que vocês sentem. Tudo pulsando independentemente, e passíveis de se desgarrar um do outro.

Um endereço não é pra sempre, uma profissão pode ser jogada pela janela, a amizade é fortíssima até encontrar uma desilusão ainda mais forte, a arte passa por ciclos, e se tudo isso é soberano e tem valor supremo, é porque hoje acreditamos nisso, hoje somos superiores ao passado e ao futuro, agora é que nossa crença se estabiliza, a necessidade se manifesta, a vontade se impõe — até que o tempo vire.

    Faço menos planos e cultivo menos recordações. Não guardo muitos papéis, nem adianto muito o serviço. Movimento-me num espaço cujo tamanho me serve, alcanço seus limites com as mãos, é nele que me instalo e vivo com a integridade possível. Canso menos, me divirto mais e não perco a fé por constatar o óbvio: tudo é provisório, inclusive nós.

Apenas amizades verdadeiras duram como a nossa. E a gente só sabe que éverdadeira quando, mesmo distantes e com pouco tempo, nada muda. Os encontros são sempre como se tivéssemos nos visto ontem! Com a gente é assim, desde pequenas.

Há muitos anos que toda vez que me refiro à época que era pequena sempre digo: "quando eu e minha amiga éramos criança", porque desde o primeiro dia que brincamos juntas, deixamos de ser apenas uma, para sermos nós.

Há quantos anos nos conhecemos? Será que ainda conseguimos fazer as contas? Será que conseguimos nos lembrar de todos os momentos felizes quepassamos juntas? Será que conseguimos nos lembrar de todas as linhas da nossa história que escrevemos juntas?

Minhas amigas queridas, vocês são tão especiais para mim. Vocês são parteda minha vida há tanto tempo que nem quero contar. Só quero contar e recontar tudo o que já vivemos, tudo o que já fomos felizes.

Às vezes, a memória nos trai, podemos não nos lembrar da data exata dos acontecimentos, ou das palavras exatas que dissemos, ou da ordem exata das coisas.

Mas o coração não se engana. Sempre que pensamos no passado, e em tudoque já fizemos e fomos uma para a outra, o coração se aquece e sorri. É com amor que ele nos faz lembrar de nós.

Pessoas são como músicas. Algumas, nós gostamos desde o início, outras gostamos depois de um tempo. São feitas para serem ouvidas e compreendidas. Algumas tocam a nossa vida, mas tem uma, aquela mais especial, que é a nossa trilha sonora.

Para lidar com as diferenças entre nós e as outras pessoas, temos que aprender compaixão, autocontrole, piedade, perdão, simpatia e amor. Virtudessem as quais nem nós, nem o mundo, podemos sobreviver.

Por mais que você faça de tudo para agradar os outros, sempre haverá alguémpara dizer que você não fez o suficiente.

Para lidar com as diferenças entre nós e as outras pessoas, temos que aprender compaixão, autocontrole, piedade, perdão, simpatia e amor. Virtudessem as quais nem nós, nem o mundo podemos sobreviver.

LEVANTE-SE! DECIDA SER FELIZ E ASSUMA O RISCO! CONTROLE SEU VIVER!

"Lembra quando você era pequena e vivia com os joelhos ralados? Você, poracaso, deixou de brincar pra sempre por isso? E quando ficou toda dolorida após sofrer queimaduras de sol, você nunca mais foi à piscina depois? Pois é... Alguns riscos costumam ser inevitáveis, como o de se ralar ao brincar.

Outros nem existiriam se mudássemos algum detalhezinho no jeito de fazer a mesma coisa, como usar protetor solar pra aproveitar o verão. O que quero dizer com isso? Não deixe de sonhar, porque deu errado pela vigésima vez, nãodeixe de abrir o coração, porque ele foi quebrado antes, não deixe de gostar, porque já foi muito magoado, não deixe de ser amigo porque alguém não foi devolta... Pense assim: Às vezes, você apenas precisa mudar a forma como lida com o 'sonhar', com o 'se abrir', com o 'gostar', com o 'ser amigo'. Quando puder modificar algo pra melhorar, ótimo, faça. Quando não, fica tranquila.

Sonhe, se abra, goste, ame... O risco sempre existirá, a dor poderá vir... Mas deixar de fazer as melhores coisas da vida por medo de fracassar é o único risco que você jamais deve correr. No ranking dos maiores riscos de vida, lá no topo está escrito: estar vivo, mas não viver."

Agora! Respire! Decida o que quer mudar! Levante-se! Faça a mudança!

Lembre-se: "Cada pessoa merece a vida que tem!".

É sério! Você está vivendo a vida que merece! Está assim por causa das suas decisões, desculpas confortantes e crenças limitantes! Você não é culpado por ter criado elas (crenças limitantes), mas é o responsável por sua manutenção!

Desculpe, Dona Raposa... Mas a sua frase "tu te tornas eternamente responsável por aquilo que cativas" precisa ser revisada. Na verdade, mal nos conhecemos temos instintos poderosos e somos livres! Essa história românticaé bela mas na prática pode provocar a tortura de ter que nos fazer levar nas costas "eternamente" algo que já perdeu a função e só nos traz sofrimento e lamentos — quando não já sugou nossa energia tal qual vampiro sanguinolento. Amar não é ter posse sobre ninguém. Quando sentir que sua alma tá na pegada da Raposa procurando esta desculpa para continuar abraçando defunto dê um grito — assim simples direto e com toda a força. Você NÃO é responsável por aquilo que cativas isso seria uma maldição e uma prisão — podemos mudar de opinião, podemos decidir o contrário —, somos humanos e não contos de livros! Cuidado também com quem te cobra coerência, perfeiçãoe generosidade. Atenção a quem te julga egoísta, porque apenas você curte e valoriza a vida que te foi dada. Geralmente, é um hipócrita despejando em sua mente os defeitos que não suporta nele mesmo. Evite os santinhos e sanguessugas dissimulados entregues à sua corrida de lesmas-paralíticas.

Você não precisa provar nada a ninguém, nem ser responsável por expectativa nenhuma... Você é de carne e osso mundano, corruptível aos teus instintos e buscador de si mesmo ainda — se não fosse você estaria vivendo em algum mundo melhor — não aqui neste planeta Terra neste exato momento! A grande sacada da vida é a cada dia ser um pouco melhor. Nada de saltos! Você não deve nada além das contas que paga a tão duras penas, nada senão respeito atoda e qualquer criatura honesta que viva sua própria vida e não atrapalhe a dos outros. Reconheça, então, a tua fraqueza e caia no sono sem culpa.

Quando acordar, você será ainda a mesma criatura imperfeita de sempre, mas terá mais força que nunca para seguir correndo. Para a frente, atrás, de lado, não importa. Só o que ainda vale de tudo isso é o puro e simples movimento.

Dispense o peso e feche o belo livro, pois a vida aqui é outra história.

REGUE-SE... CUIDE-SE... FLORESÇA...

Geralmente, quando uma pessoa exclama "Estou tão feliz", é porque engatou um novo amor, conseguiu uma promoção, ganhou uma bolsa de estudos, perdeu os quilos que precisava ou algo do tipo. Há sempre um porquê. Eu costumo torcer para que essa felicidade dure um bom tempo, mas sei que as novidades envelhecem e que não é seguro se sentir feliz apenas por atingimento de metas. Muito melhor é ser feliz por nada. [...]

Particularmente, gosto de quem tem compromisso com a alegria, que procura relativizar as chatices diárias e se concentrar no que importa pra valer e assimalivia o seu cotidiano e não atormenta o dos outros. Mas não estando alegre, épossível ser feliz também. [...] A vida não é um questionamento de Proust. Você não precisa ter que responder ao mundo quais são suas qualidades, sua cor preferida, seu prato favorito, que bicho seria. Que mania de se autoconhecer. Chega de se autoconhecer. Você é o que é, um imperfeito bem-intencionado e que muda de opinião sem a menor culpa. Ser feliz por nada, talvez, seja isso.

Estava pensando como a vida é engraçada. Muitas coisas acontecem, pessoas passam por ela e, de repente, nada mais faz algum sentido. Passa um tempo e você descobre que sim, determinada situação tinha que acontecer e aquelas pessoas cedo ou tarde passariam por sua vida e você absorveu algo delas, seja bom ou ruim. Algo bom para te construir como ser humano, coisas ruins para você descobrir o que não quer se tornar e para não repetir ações negativas para com o outro.

Depois de alguns acontecimentos, senti na pele e compreendi o que são pessoas "âncora" e pessoas "balão". Pessoas âncoras servem para te afundar, te levam nessa âncora para baixo e te deixam ali parado, sem rumo, onde não possa nem respirar e acreditar que tem alguma salvação e tudo pode ser diferente. E você fica ali, imóvel e sem esperança alguma. Pessoas "balão" são aquelas que te levam pra cima, que te dão ar, fazem você enxergar o céu e verque nem tudo está perdido e todo dia pode ser a oportunidade de voar, de ser livre e fazer suas escolhas, fazer com que outras pessoas possam voar com você. Nesse voo, você se depara com seus sonhos, enxerga uma força que nunca imaginou ter, olha o quanto vale a pena continuar lutando e são essas pessoas que devem permanecer em sua vida.

É preciso viver, conhecer lugares, pessoas e, de alguma forma, encontrará âncoras e balões. Se afundar é opção sua continuar lá, afundando até não ter forças para chegar à superfície. Se conseguir encontrar algum caminho com algum balão voe, mas não esqueça de multiplicá-los e levar com você outras pessoas, inclusive as âncoras, até elas merecem voar. Distribua balões, se livre das âncoras, acredite que tudo pode ser mais lindo. O caminho pode ser cheio de pedras ou espinhos, mas o final promete ser lindo, se é que de fato existe um final para algo na vida.

Abençoados os que possuem amigos, os que os têm sem pedir. Porque amigo não se pede, não se compra, nem se vende.

Amigo a gente sente!

Benditos os que sofrem por amigos, os que falam com o olhar.

... Porque amigo não se cala, não questiona, nem se rende. Amigo a gente entende!

Benditos os que guardam amigos, os que entregam o ombro pra chorar. Porque amigo sofre e chora.

Amigo não tem hora pra consolar!

Benditos sejam os amigos que acreditam na tua verdade ou te apontam a realidade.

Porque amigo é a direção.

Amigo é a base quando falta o chão!

Benditos sejam todos os amigos de raízes, verdadeiros. Porque amigos são herdeiros da real sagacidade.

Ter amigos é a melhor cumplicidade!

Há pessoas que choram por saber que as rosas têm espinhos,
Há outras que sorriem por saber que os espinhos têm rosas.

Você não precisa ser melhor em tudo.

A perfeição é uma coisa que não está ao nosso alcance, aliás, acho que nunca ningúem soube dizer o que é perfeição.

A humanidade é perita em criar conceitos inatingíveis, e não devemos nos iludir com eles.

Sim, o reconhecimento e admiração daqueles que nos cercam é sempre bom, mas não é tudo na vida.

Teu sorriso, sim, é importante.

Tua paz, tua felicidade, e ela não deve depender dos outros, mas apenas de você.

Costumo dizer que não devemos tentar fazer ninguém feliz, mas fazer felizes anós mesmos e, dessa forma, quem estiver conosco estará feliz também.

Não faça nada esperando o sorriso de ninguém. Faça apenas esperando o teu sorriso e, no final de tudo, você poderá comemorar extraordinariamente, mesmo que você esteja só — mas é difícil se estar só quando se está bem consigo.

Portanto, construa tua felicidade. A felicidade atrai.

Não voltaria um único dia na minha vida, e lembranças boas são o que não me faltam. Não voltaria à infância — mesmo nunca mais tendo sentido tanto orgulho de mim quanto senti no dia em que ganhei minha primeira bicicleta sem rodinhas auxiliares, aos 6 anos, e saí pedalando sem ajuda, já no primeiro minuto, sem quedas no currículo. Não voltaria à adolescência, quando fiz minhas primeiras viagens sozinha com as amigas e aprendi um pouquinho mais sobre quem eu era — e sobre quem eu não era. Não voltaria ao dia em que meus filhos nasceram, que foram os dias mais felizes da minha vida, de uma felicidade inédita, porque dali por diante haveria alguma mutilação na liberdade que eu tanto prezava — mas, por outro lado, experimentaria um amor que eu nem sonhava que podia ser tão intenso. Não voltaria ao dia de ontem — e ontem eu era mais jovem do que hoje, ontem eu era mais romântica do que hoje, ontem eu nem tinha pensado em escrever esta crônica, ontem foi há mil anos.

Não tenho saudades de mim com menos celulite, não tenho saudades de mim mais sonhadora. Não voltaria no tempo para consertar meus erros, não voltaria para a inocência que eu tinha — e tenho ainda. Terei saudades da ingenuidade que nunca perdi? Não tenho saudades nem de um minuto atrás. Tudo o que eu fui prossegue em mim.

Sem Medida

Por favor, não me julgue. Não tente me medir...
Minha medida é a da vida...

O que tenho por dentro não cabe em algo.
Nem tente rótulos, embalagens, pequenas caixas, nem se quer códigos de barras.

Eu não pertenço... Eu entrego. Eu não me rendo... Eu fico.
Eu não desisto... Eu canso.

Não canso jamais da vida, me canso da falta dela.

Não quero a proteção artificial de caixotes hermeticamente fechados... Quero sentar-me na rede do orvalho da manhã.
Tomar café com palavras.
Sentir o gosto quente do saber e engolir cheia de sede.

Segurem seus medos, seus preconceitos, seus olhares restritos... Tirem seus conceitos do caminho, pois eu quero passar...

Me atiraram na selva, me despi das armaduras e estou pronta para lutar, com sorrisos e verdade.
No caminho, meus medos, sentimentos e razão. Um diálogo eterno...

Enquanto isso, novas cenas surgem, o cenário muda.
E nós, atores e figurantes, nos apresentamos sem ensaio, para um público sem critério; nos atirando olhares, aplausos ou vaias.

Para mim, hoje basta a doce possibilidade de iniciar mais uma história.

Me entregar ao personagem, subir ao palco e deixar a vida entrar.

Compreendi que viver é ser livre... Que ter amigos é necessário... Que lutar é manter-se vivo... Que pra ser feliz basta querer... Aprendi que o tempo cura... Que a mágoa passa... Que decepção não mata... Que hoje é reflexo de ontem...Compreendi que podemos chorar sem derramar lágrimas... Que os verdadeiros amigos permanecem... Que dor fortalece... Que vencer engrandece... Aprendi que sonhar não é fantasiar... Que pra sorrir tem que fazer alguém sorrir... Que a beleza não está no que vemos, e sim no que sentimos... Que o valor está na força da conquista... Compreendi que as palavras têm força... Que fazer é melhor que falar... Que o olhar não mente... Que viver é aprender com os erros... Aprendi que tudo depende da vontade... Que o melhor é sermos nós mesmos... Que o SEGREDO da vida é VIVER!

Algumas pessoas se destacam para nós [...] Não importa quando as encontramos no nosso caminho. Parece que estão na nossa vida desde sempre e que, mesmo depois dela, permanecerão conosco. É tão rico compartilhar a jornada com elas que nos surpreende lembrar de que houve um tempo em que ainda não sabíamos que existiam. É até possível que tenhamos sentido saudade mesmo antes de conhecê-las. O que sentimos vibra além dos papéis, das afinidades, da roupa de gente que usam. Transcende a forma.

Remete à essência. Toca o que a gente não vê. O que não passa. O que é [...] Com elas, o coração da gente descansa. Nós nos sentimos em casa, descalços, vestidos de nós mesmos. O afeto flui com facilidade rara. Somos aceitos, amados, bem-vindos, quando o tempo é de sol e quando o tempo é de chuva. Na expressão das nossas virtudes e na revelação das nossas limitações. Com elas, experimentamos mais nitidamente a dádiva da troca nesse longo caminho de aprendizado do amor.

Sou essa com o corpo cheio de desejos, com o peito abarrotado de sentimentos... Com a vida buscada com garras e dentes... Sou aquela que canta, que ri, que chora, que se derrama em palavras, e sons e imagens, e loucuras, e certezas questionáveis, em gargalhadas, em seriedade e displicência... Sou essa que não gosta de jogo, de meias mentiras ou meias verdades... Aquela que inicia a escrita em uma frase e se perde em um texto sem fim... Sou esta: um pedaço de mim, um pedaço do mundo e um pedaço de tudo é um pedaço de nada... Sou a Menina, a Mulher que se apresenta e se redescobre todos os dias...

Ser amigo não é só dizer coisas que você quer escutar... Às vezes, é preciso dizer coisas que você não vai gostar... Mas tenha certeza de uma coisa... Se digo é porque gosto de verdade... E não tenho falsidade em meu coração... Eu tomei uma decisão... Só discuto com quem vale a pena... Se não acrescentar nada na minha vida... Não vou deixar preencher lugar nela. Talvez, as pessoas tenham razão... Não devo ficar defendendo pessoas que não sabem o valor de uma amizade verdadeira. Talvez, por isso VOCÊ seja tão só... Talvez, por isso VOCÊ seja tão indesejada... Talvez, por isso as pessoas falam tão mal de VOCÊ. Mas seeu não puder falar para VOCÊ, minha amiga... tudo que penso... minha amizade não faz sentido. Tudo em mim é verdadeiro e sincero... Meu abraço, meu beijo, meu carinho, minha disponibilidade, meu sorriso e principalmente minhas palavras. Enfim... Amizade é fácil; o difícil é ser amigo quando precisa dizer a verdade. Posso me orgulhar da amiga que SOU!

Se recordar é viver...

Reencontrar amigos é relembrar o passado...

E relembrar os tempos passados nos faz reatar os laços das verdadeiras amizades.

Nada melhor que colocar em dia todas as histórias, a ansiedade de recuperar o tempo perdido enquanto distantes.

É tratar o passado recente de forma divertida e nostálgica.

É saber que existe um mundo de várias histórias diferentes, mesmo estando na mesma rua.

É reforçar que um é parte indissociável da vida do outro, mesmo longe. É fazer saber que a gente se importa.

É dar risada e continuar a conversa de anos atrás como se tivéssemos interrompido ontem.

É saber que muita coisa mudou, mas a velha mágica ainda está lá. É resgatar sua essência.

Ah, eu tenho o maior amor do mundo! E isso não é privilégio meu, é de cada um de nós.

O maior amor do mundo é aquele que faz nosso coração vibrar e até chorar de vez em quando!

Ele é extraordinariamente único e maravilhoso e transforma qualquer diachuvoso e triste na mais linda noite enluarada.

Ele escancara as portas do coração e nos deixa à mercê de tudo. É tão grande que chega a doer, que chega a tirar o sono ou a razão. Tão alegre que devolve o riso.

O amor maior do mundo é tão grande que chega a ser incomparável, tão únicoque chega a ser individual.

É aquele que dura o bastante para ser lembrado para o resto da vida, mesmo quando não mais houver aquele "quê" que fez vibrar cada uma das fibras do nosso coração...

Ser livre é não ser escravo das culpas do passado, nem das preocupações do amanhã. Ser livre é ter tempo para as coisas que se ama. É abraçar, se entregar, sonhar, recomeçar tudo de novo. É desenvolver a arte de pensar e proteger a emoção. Mas, acima de tudo, ser livre é ter um caso de amor com a própria existência e desvendar seus mistérios. Como é bom poder fazer as próprias escolhas... Viver sem amarras, sem precisar puxar o saco de ninguém para conseguir as coisas, sem engolir sapos, sem ser moeda de troca... Como é maravilhoso viver, fazer, falar o que se quer. Minha liberdade não tem preço!

Quando honro o meu corpo, eu o enxergo, com todas suas lembranças, flores eculpas, eu não o desejo mudar. Quando encontro em mim o melhor abrigo, eu me zelo e me reconhecendo a própria força da natureza, enfim, me largo em riso e consigo sinceramente amar. Acolho minha história, reverencio minhas cicatrizes e dilato-me à abundância de vida que me torna a preciosidade divina que, às vezes, esqueço de celebrar.

Sempre fui de me doar. Ouvia, ajudava, consolava, me importava. E não foram poucas as vezes que, mesmo em segredo, eu deixava de pensar na minha vida pra ajudar os outros. Em segredo, explico o porquê não acho que preciso de medalhas, prêmios ou troféus. Se eu faço, é de coração, sem esperar reconhecimento do outro. Mas, perdão, eu sou humana e sinto. O mínimo que a gente espera é gratidão. Aprendi que ela nem sempre aparece. Aprendi que, às vezes, as pessoas acham que o que a gente faz é pouco. Por tanto aprendizado, acabei descobrindo que é melhor eu cuidar mais da minha vida e menos da dos outros. Não quero morrer santa, quero morrer feliz. Então, a rebelião. Como assim? Onde ela está? Por que sumiu? Ai, meu Deus, como mudou. Não, eu continuo a mesma. Só que até o mesmo se transforma. E percebe que, guarde isso, ninguém vai andar ao seu lado. A gente aprende a caminhar sozinho, pode até ter o auxílio de alguma mão, um apoio, mas os passos são dados por você. No meio do caminho, entre acontecimentos, atalhos e força, você percebe que precisa abrir uma brecha para a fragilidade se instalar. E que chorar alivia a alma. Mais do que isso: abrindo a janela pra fragilidade é que você descobre o quanto de força ainda resta para seguir em frente.

Na semana passada eu li numa revista um artigo no qual jovens executivos davam receitas simples e práticas para qualquer um ficar rico. E eu aprendi muita coisa. Aprendi, por exemplo, que se eu tivesse simplesmente deixado de tomar um cafezinho por dia, durante os últimos 40 anos, eu teria economizadoR$ 30.000,00. Se eu tivesse deixado de comer uma pizza por mês, teria economizado R$ 12.000,00, e assim por diante. Impressionada peguei um papel e comecei a fazer contas e descobri, para minha surpresa, que hoje eu poderia estar milionário.

Bastava eu não ter tomado os cafés que eu tomei, não ter feito muitas das viagens que fiz, não ter comprado algumas das roupas caras que eu comprei e, principalmente, não ter desperdiçado meu dinheiro, em itens supérfluos e descartáveis.

Ao concluir os cálculos, percebi que hoje eu poderia ter quase R$ 500.000,00 na conta bancária. Sabe o que esse dinheiro me permitiria fazer?

Viajar, comprar roupas caras, me esbaldar com itens supérfluos e descartáveis, comer todas as pizzas que eu quisesse e tomar cafezinhos à vontade. Por isso, acho que me sinto feliz em ser pobre. Gastei meu dinheiro com prazer e por prazer.

E recomendo aos jovens e brilhantes executivos que façam a mesma coisa que eu fiz. Caso contrário, eles chegarão aos 80 anos com um monte de dinheiro, mas sem ter vivido a vida.

"Não eduque o seu filho para ser rico, eduque-o para ser feliz". "Assim, ele saberá o valor das coisas, não o seu preço".

REGUE-SE... CUIDE-SE... FLORESÇA...

Gosto da bravura, da luta, da lágrima. Me encanto com pessoas e verdades inteiras, sem vírgulas, sem traços, sem "se". Gosto de gente grata, generosa. Gosto de firmeza. Nas promessas, palavras e apertos de mão. Os abraços, gosto mesmo daqueles de verdade, os generosos, os de faltar o ar, os quebra-costela. Rir até doer a barriga. Dançar até doer o pé. Experimentar, ousar, explorar, movimentar, mergulhar. Adoro. Adoro quem faz questão, quem tenta até o último suspiro e quem suspira de tanto tentar. Adoro corações transbordantes e mesas fartas. Não é o simples exagerar, desperdiçar, esbanjar. Mas é além do completar, sustentar, abastecer. Algo que flutua entre esses dois universos, onde jamais se passa fome, nem vontade.

Nunca se falou tanto em felicidade como nos dias de hoje. Em todos os lugares, em todos os momentos, alguém está falando sobre uma maneira maisadequada de ser feliz como se houvesse um fórmula química que trouxesse o mesmo grau de satisfação para todo mundo.

A felicidade faz parte dos momentos felizes prolongados pelo maior tempo possível no intervalo entre dois problemas, e problemas são todas as fases queprecisamos passar para adquirir conhecimento e novas habilidades. E novas habilidades nos trazem satisfação.

Muita gente julga felicidade pelos momentos passageiros, como uma viagem, uma festa, um acontecimento, uma surpresa, e isso é bom, ajuda a manter equilibrados os seus momentos de satisfação. Mas quanto custa ter tudo isso?

Se o dinheiro não for o suficiente para manter as viagens, as festas e assurpresas, a felicidade acaba?

Quanto custa um romance novo? Um visual da moda? Quanto custa serecompensar por algo que faça como sacrifício.

Quando relacionamos a felicidade a um bem passageiro, o resultado é passageiro nos obrigando a reinvestir tempo, condições e dinheiro para continuarmos felizes.

A felicidade aumenta com a idade. As experiências, a satisfação com o trabalho, a realização com a família, a cumplicidade dos amigos antigos e até oamadurecimento do amor são fatores baratos de felicidade, independentemente do dinheiro investido nos bens visíveis. A felicidade é o resultado de uma vida posta em exercício.

Mesmo que não possa ser feliz todos os dias, se pelo menos conseguirmos diminuir o que nos faria infelizes, já torna o coração mais tranquilo.

Tenho medo do que as pessoas chamam hoje em dia de felicidade, porque depois que a viagem acaba, que a festa termina e que a paquera não liga no dia seguinte, elas voltam a ser infelizes, como se a felicidade passageira, além de imediata, não trouxesse um custo: a frustração.

A felicidade pesa tanto quanto aquilo que pousamos no coração. Nas coisas importantes que cabem na palma da mão, que, apesar de pouco, é o suficiente. Ser feliz é acreditar em si mesmo como uma porta trancada que não se importa com o que passa do lado de fora. É ter a liberdade para amar a quem quiser e ser feliz como der.

Não há um padrão de felicidade, apesar de haver um padrão de gente infelizpor complicarem a solução de entender o quanto é simples ser feliz.

O que você disse? Prepare um belo discurso. Gaste suas melhores palavras. Utilize todos os seus argumentos. Eu não consigo ouvir o que você diz. Mais do que na força das palavras, eu acredito no poder das atitudes. Na grandeza dosgestos. Nas sutilezas das ações. Guarde seus dizeres para utilizá-los depois que os fizer. Eles serão apenas um complemento. Haja o que houver, aja.

Palavras quando não andam sincronizadas com nossos pés, não chegam a lugar algum. Não dizem absolutamente nada. É na coerência das ações que a gente se encontra e o outro nos reconhece. Ninguém pode viver preso em um discurso. Ou seja, Seja!

As pessoas precisam aprender que ninguém é igual. Portanto não é justo estragar novos laços com velhas memórias... O que lhe fizeram antes pode nãoser feito novamente, mas, enquanto alguém agir sempre esperando ser ferido, todos os seus laços estão fadados ao fim. Avalie cada um sem expectativas, nem boas, nem ruins, julgue-o pelo que ele é, e não pelo que ele pode vir a ser, porque uma das maiores injustiças que pode existir é carregar a culpa alheia.

Eu gosto de gente de verdade, que fala o que sente, que mostra o que é, quenão vive em cima do muro, que não tem medo de se arriscar, que sabe que quebrar a cara faz parte, que só erra quem tenta, que sabe valorizar quem tá do seu lado, que sabe ver ambos os lados, eu gosto de gente, e ponto!

Existe muita coisa que não gosto, não aprovo, mas aprendi com a vida quetenho que respeitar tudo!!!

Viva a diversidade, mas, acima de tudo, viva a reciprocidade!

Quando nos colocamos disponíveis para a leitura dos versos, passamos a enxergar o mundo também de um novo jeito. A poesia sai dos livros e passa a estar em tudo ao redor.

Lido com as palavras. Escolho-as cuidadosamente e, depois, vou botando-as de tal forma que possam se transformar em história.

Escrever — e ler — é uma via instantânea para encontrar a minha felicidade possível. Por isso, investigo como a poesia afeta quem a traz para perto dos seus dias. Mesmo que isso aconteça predominantemente por meio das redes sociais, através de uma tela de celular, e não necessariamente em livros e em bibliotecas, ou, ainda, como ela se manifesta em experiências cotidianas para aqueles que sabem percebê-la nos detalhes. Afinal, a poesia não deve ter acesso restrito, dando-se a conhecer apenas àqueles que dominam a senha para entrar. Ela pode estar muito mais acessível do que a gente supõe.

E a porta está aberta. Você vem?

Viva intensamente sua vida, pratique coisas boas, lembre-se: você pode ser ou fazer o que quiser, tudo depende de você. Enquanto àquelas pessoas negativas grite bem alto pra elas o seguinte: "Viva a sua Vida"

Não deixe que elas estraguem seus sonhos e mostre pra elas que você é capaz.

Faça amigos, busque conhecimento, dedique-se...

Ame as pessoas, não odeie ninguém, mesmo aquelas que decepcionaram e magoaram você profundamente, tenha pena delas, pois não passam de uns pobres coitados...

Nunca brinque com os sentimentos das pessoas, pois a dor é indescretivel empalavras, só quem passa sabe.

Peça desculpas, perdoe! Seja, assim, feliz pra sempre...

Construa seu próprio mundo, somente com coisas boas, e assim ganhe respeito e reconhecimento...

Faça a vida valer a pena, a aproveite, pois é curta...

Por que ela de nada vale no final, se você não tiver uma boa história pra contar...

Mulher...

Que traz beleza e luz aos dias mais difíceis
Que divide sua alma em duas
Para carregar tamanha sensibilidade e força
Que ganha o mundo com sua coragem
Que traz paixão no olhar
Mulher,
Que luta pelos seus ideais,
Que dá a vida pela sua família
Mulher,
Que ama incondicionalmente
Que se arruma, se perfuma
Que vence o cansaço
Mulher,
Que chora e que ri
Mulher que sonha...

Tantas Mulheres, belezas únicas, vivas...
Cheias de mistérios e encanto!
Mulheres que deveriam ser lembradas, amadas, admiradas todos os dias...

Para você,
Mulher tão especial...

Um brinde à vida que nos desafia!

Um brinde às pessoas que nos possibilitam evoluir, sejam elas agregadoras de luz ou de pontos de escuridão em nossos caminhos, afinal, por mais que não percebamos, às vezes, até o caos é preciso, nos faz evoluir.

Um brinde aos dias de chuva e frio que nos enchem de nostalgia e desânimo.São eles que nos acumulam expectativas suficientes para que os dias de sol sejam tão felizes.

Um brinde a você, que mesmo cheio de dúvida, problema e, talvez, motivos para desistir, está aí, prestes a começar de novo, encarar a vida, mais um dia e mesmo cheio de incertezas segue adiante, afinal, esta é a regra: seguir!

Certo dia parei para observar as mulheres e só pude concluir uma coisa: elas não são humanas. São espiãs. Espiãs de Deus, disfarçadas entre nós.

Pare para refletir sobre o sexto-sentido. Alguém duvida de que ele exista?

E como explicar que ela saiba exatamente qual mulher, entre as presentes, emuma reunião, seja aquela que dá em cima de você?

E quando ela antecipa que alguém tem algo contra você, que alguém estáficando doente ou que você quer terminar o relacionamento?

E quando ela diz que vai fazer frio e manda você levar um casaco? Rio de Janeiro, 40 graus, você vai pegar um avião pra São Paulo. Só meia-hora de vôo. Ela fala pra você levar um casaco, porque "vai fazer frio". Você não leva.O que acontece?
O avião fica preso no tráfego, em terra, por quase duas horas, depois que vocêjá entrou, antes de decolar. O ar-condicionado chega a pingar gelo de tanto frioque faz lá dentro!
"Leve um sapato extra na mala, querido. Vai que você pisa numa poça..."
Se você não levar o "sapato extra", meu amigo, leve dinheiro extra paracomprar outro. Pois o seu estará, sem dúvida, molhado...

O sexto-sentido não faz sentido!

É a comunicação direta com Deus!Assim é muito fácil...
As mulheres são mães!

E preparam, literalmente, gente dentro de si.
Será que Deus confiaria tamanha responsabilidade a um reles mortal?
E não satisfeitas em ensinar a vida, elas insistem em ensinar a vivê-la, de formaíntegra, oferecendo amor incondicional e disponibilidade integral.
Fala-se em "praga de mãe", "amor de mãe", "coração de mãe"...

Tudo isso é meio mágico...

Talvez, Ele tenha instalado o dispositivo "coração de mãe" nos "anjos da guarda" de Seus filhos (que, aliás, foram criados à Sua imagem e semelhança).

As mulheres choram. Ou vazam? Ou extravazam?

Homens também choram, mas é um choro diferente. As lágrimas das mulheres têm um não sei quê de não quer chorar, um não sei quê de fragilidade, um não sei quê de amor, um não sei quê de tempero divino, que tem um efeito devastador sobre os homens...

É choro feminino. É choro de mulher...

Já viram como as mulheres conversam com os olhos?

Elas conseguem pedir uma à outra para mudar de assunto com apenas um olhar.

Elas fazem um comentário sarcástico com outro olhar. E apontam uma terceira pessoa com outro olhar.

Quantos tipos de olhar existem?

Elas conhecem todos...

Parece que frequentam escolas diferentes das que frequentam os homens! E é com um desses milhões de olhares que elas enfeitiçam os homens.

EN-FEI-TI-ÇAM!

E tem mais! No tocante às profissões, por que se concentram nas áreas de Humanas?

Para estudar os homens, é claro!

Embora algumas disfarcem e estudem Exatas...

Nem mesmo Freud se arriscou a adentrar nessa seara. Ele, que estudou, como poucos, o comportamento humano, disse que a mulher era "um continente obscuro".

Quer evidência maior do que essa? Qualquer um que ama se aproxima de Deus.E com as mulheres também é assim.

O amor as leva para perto d'Ele, já que Ele é o próprio amor. Por isso, dizem "estar nas nuvens", quando apaixonadas.

É sabido que as mulheres confundem sexo e amor.

E isso seria uma falha, se não obrigasse os homens a uma atitude mais sensível e respeitosa com a própria vida.

Pena que eles nunca verão as mulheres-anjos que têm ao lado.

Com todo esse amor de mãe, esposa e amiga, elas ainda são mulheres a maior parte do tempo.

Mas elas são anjos depois do sexo-amor.

É nessa hora que elas se sentem o próprio amor encarnado e voltam a ser anjos.

E levitam.

Algumas até voam.

Mas os homens não sabem disso. E nem poderiam.

Porque são tomados por um encantamento que os faz dormir nessa hora.

Sabemos quem são os fofoqueiros, os invejosos, os puxa-sacos, bajuladores, os sem caráter, os dissimulados, os mentirosos, os que só querem se dar bem,os que só pensam no seu próprio benefício, os egoístas, os que espalham a discórdia, os que passam por cima de qualquer coisa, ou das pessoa, para conseguir o que quer, os que falam de você e de mim, ainda assim, tira foto sorrindo...

Quanta Bobagem! Ninguém é enganado... Não se engane! Todos nós sabemos quem é quem. Na Fogueira da Vaidade não se encontra nada que presta.

Algumas pessoas vão te amar apenas enquanto puderem te usar. A lealdade termina quando os benefícios acabam. Pense... O custo do cuidado é sempre menor que o custo do REPARO!

Você chegou e eu comecei a entender que o amor, a paixão e a paz de espírito podem existir ao mesmo tempo em uma relação. Achava que era um ou outro e que era normal não se sentir completa. Você, junto com sua forma leve de levar a vida, seu jeito carinhoso de me tratar todos os dias, sua indignação sempre que eu sou grossa porque para você o normal é SEMPRE me tratar muito bem (exceto para revidar alguma malcriação minha, com total razão) e todos os dias me fazer perceber, mesmo sem querer, que nós somos muito felizes e que o normal é se sentir assim, feliz, leve, de bem com a vida! Você faz eu me sentir uma besta quando perco a paciência por coisas tão pequenas, porque invés de brigar comigo, você congela e isso sempre me faz pensar e gostar mais ainda de você. Você, mesmo sem saber, me ensina muito sobre a vida, como é fácil e simples tudo, a gente que complica. Você, mesmo sem perceber desperta meulado mais genuíno, mais criança, mais puro, mais louco, mais sincero... Tudo isso porque você me deixa ser EU, sem impor nada, sem julgar, sem moldar, apenas me aceita, na minha essência, com tudo que eu vim! Eu amo poder ser quem eu sou e você me amar assim. Amo esse amor livre, leve e solto... E tão preso!

Tão nosso! Tão único! O que eu sinto por você nem existe, não é deste mundo,talvez, porque eu também não seja daqui, e você nem quis saber de onde eu vim, meamou assim.

Ela...

Que não existe além de mim mesmo;
Que mora no imaginário, na loucura,
Completamente fora da razão.
Aquela com quem eu durmo, acordo e compartilho devaneios...
Aquela que não existe...
Que pertence a si mesma, mas se entrega a mim.
Ela que mora nos muros dos meus pensamentos, na beira dos tormentos, nas asas do sentimento...
O irreal, o inventado, o real que EU quero.
O improvável, o inesperado...
Ela... um dia, um sorriso, um toque escondido, um beijo roubado... uma música, uma praia, um olhar assustado. Um abraço apertado, um adeus engasgado, um desejo escapado, um sorriso enjaulado, um suspiro calado...

Desde então tem sido cada vez mais difícil lidar com perdas irreversíveis. A morte do meu pai me fez sentir na pele como o tempo nos rouba definitivamente momentos bons e felizes, para sempre intocáveis. Acordo muitas vezes a chorar por esses momentos.

Dia desses em conversa com uma amiga, ela me dizia aquelas coisas sensatas que toda a gente diz nessas ocasiões: que eu tinha que me sentir feliz por todas as coisas boas que se passaram... que me devia sentir grata e enriquecida por terem acontecido... e que, talvez, não fosse má ideia tomar um antidepressivo para dar um empurrãozinho...

Quando lhe estava a responder, aconteceu uma coisa muito engraçada... Comecei a frase assim: "Sabes, desde a VIDA do meu pai... (...???!!!), ops... desculpa... queria dizer desde a MORTE do meu pai que..."

Acontece que nada é por acaso nesta vida e me fez pensar que realmente os últimos tempos de vida do meu pai eram mais uma morte. E que se calhar, agora, onde quer que ele esteja, se sentirá mais vivo e feliz. Quero acreditar que sim.

No entanto, não há remédio que apague a dor da saudade. Sofremos sempre, não por aquilo que se viveu, mas por tudo o resto que foi sonhado e nunca se cumpriu.

Obrigada, pai! Por continuares a ensinar-me que cada minuto é precioso. E que o amor não foi feito para se guardar numa caixa, mas, sim, para se espalhar.

Bem como o sorriso e o peito puro!

Crescer é ...
Ser cada dia um pouco mais nós mesmos...
Dar espontaneamente sem cobrar inconscientemente. ...
Aprender a ser feliz de dentro para fora. ...
Buscar no próximo um meio de nos prolongarmos. ...
Sentir a vida na natureza. ...
Entender a morte como natural da vida. ...
Conseguir a calma na hora do caos. ...
Ter sempre uma arma para lutar e uma razão para ir em frente. ...
Saber a hora exata de parar e buscar um algo novo. ...
Não devanear sobre o passado, mas trabalhar em cima dele para o futuro. ...
Reconhecer nossos erros e valorizar nossas virtudes. ...
Conseguir a liberdade com equilíbrio para não sermos libertinos. ...
Exigir dos outros apenas o que nós damos a eles. ...
Realizar sempre algo edificante. ...
Ser responsável por nossos atos e por suas consequências. ...
Entender que temos o espaço de uma vida inteira para crescer. ...
Nos amarmos para que possamos amar os outros como nós mesmos. ...
Assumir que nunca seremos grandes,
mas que o importante é estar sempre em crescimento.

Abençoada seja nossa fé de todos os dias, que nos alimenta e nos faz acreditar em nossas próprias asas. Abençoado seja o desejo por dias vindouros, que não nos falte o brilho do verbo viver. Abençoada seja a delicadeza com que os raios de sol tocam nossa pele, a brisa que vem nos acalentar, o doce beijo de quem nos quer bem ou a delicadeza com que o mundo gira. Abençoada seja a força de dentro, a luz da alma que nunca apagamesmo em dias de total escuridão, abençoado seja o eterno brilho dos nossosolhos. Abençoado seja o amor pelo próximo, não importando a intensidade, mas que seja sempre amor.

Não vim aqui pra passar e ir
Vim aqui pra chegar e ficar. Não sou nem alegre, nem triste
Só quero em ti me encontrar. Não vim aqui para ser ateu
Vim aqui só pra ser EU.
Não vim aqui pra depois me esquecer
Vim aqui só pra lhe dizer
Que não tem tempo de chuva
Que não a dia de muito calor
Que não há essa tal chamada dor
Que não há tempo perdido
Que não há plantação que não foi colhida
Que no corpo há desgasto
Que na alma há cansaço
Porque só quero conquistar, me laçar.
No seu coração quero ficar
Com esse cheiro que me encanta
Com essa voz que me balança
E que no embalo vou dançando.
Só quero lhe falar e vou lhe falando.
Não tenho palavras pra te medir
O que venho a ti sentir
Pensei que fosse fácil lhe explicar
Mais imagine o tamanho do mar
Será que tem alguma medida que possa me comprovar
Que de tal grandeza vá te afogar
Pois é assim que me sinto agora
Essa paixão que me devora a cada hora
E em seu coração não quero ficar de fora...

    Pensar é o trabalho mais difícil que existe. Talvez, por isso tão poucos se dediquem a ele.

    Todos os dias cedinho pela manhã aqui passa um homem. Ele deixa no portão um saco cheio de coisas: algumas para resolver, outras para pensar e umas tantas como mimo para alegrar a alma. No saco há um bilhete que diz: "tome tudo isso como ensinamento e não como punição. Faça o seu melhor." E lá vou eu, para que no final do dia o saco esteja vazio...

No impulso de passar alguma informação adiante, analise:

O Crivo da Verdade – Você tem certeza de que o que vai contar é verdade?
O Crivo da Bondade – O que você está prestes a dizer é algo bom?
O Crivo da Utilidade – Há alguma utilidade no que você quer contar?

"A maledicência é uma ocupação e lenitivo para os descontentes."

Seja uma pessoa melhor... Cuide mais da sua VIDA. Ela pode ser tão boa ouaté melhor que a minha. Prestar tanta atenção e se preocupar com a vida do próximo... Deixa você sem tempo para viver a sua.

Às vezes, sofremos desilusões por conta das mentiras que as pessoas contam. É preciso ter preparo para isso. As pessoas mentem, e isso é um fato. Mas é preciso, também, saber separar o joio do trigo. Há pessoas que mentem, deliberadamente, porque querem o teu mal. E há aquelas que mentem por quegostariam de te ver melhor ou de serem melhores pra você. Algumas pessoaspodem achar que a realidade pode ser apresentada melhor se fantasiada um pouco, e aí a mentira é quase inocente, mas assemelha-se a um desejo ou a um sonho, e não se deve subjugar o valor dessas pessoas por isso. Em algunscasos, podemos dizer que a mentira é como uma casca, que, uma vez descoberta, deve apenas ser jogada fora. Nas pessoas, assim como entenderiaum bom boticário, o que vale não é o frasco, mas a essência. Estamos perdendo a leveza...

EU, MODO DE USAR

Pode invadir
Ou chegar com delicadeza,
Mas não tão devagar que me faça dormir.
Não grite comigo, tenho o péssimo hábito de revidar...

Toque muito em mim
Principalmente nos cabelos
E minta sobre a nocauteante beleza.

Tenha vida própria,
Me faça sentir saudades,
Conte algumas coisas que me fazem rir...
Viaje antes de me conhecer,
Sofra antes de mim para reconhecer-me...
Acredite nas verdades que digo
E também nas mentiras, elas serão raras e sempre por uma boa causa.

Respeite meu choro,
Me deixe sozinha,
Só volte quando eu chamar e
Não me obedeça sempre
que eu também gosto de ser contrariada.
Então, fique comigo quando eu chorar, combinado?

Me conte seus segredos...
Me faça massagem nas costas
Não fume,
Beba,
Chore,

Eleja algumas contravenções.
Me rapte!
Se nada disso funcionar...

Experimente me amar!

Enganar ou Ser Enganado Ninguém Merece.

Devolvendo o que recebe com sabedoria
Diz a verdade mesmo morrendo de dor!
Meu destino é dizer a verdade seja a quem for.
Mesmo que a voz da certeza me roube a alegria,
O tempo senhor de tudo que ver não deixaria,
Esconder-me por entre uma cortina de fumaça.
Apesar de saber que pela vida tudo passa,
Mas nem tudo que passa a gente esquece,
Enganar ou ser enganado ninguém merece,
Porque a verdade revela o que se disfarça.

Tem gente que acredita no que quer,
Outros acreditam no que lhe falam,
Uns só acreditam no que calam,
Alguns acreditam se quiser,
A mentira venha de onde vier
É moça danosa e cheia de graça,
É encontrada em qualquer praça
Quem provou do seu veneno não esquece,
Enganar ou ser enganado ninguém merece,
Porque a verdade revela o que se disfarça.

"A alma não tem segredos que o comportamento não revele."

Se eu pudesse dar um conselho, coisa que eu demorei anos para aprender, é deixe para lá. As pessoas vão te magoar em algum momento. Deixa pra lá.

Você vai se decepcionar muitas e muitas vezes. Deixa pra lá. Deixa pra lá o quenão tenha sido como você sonhava. Comece de novo quantas vezes precisar.Use seu tempo a favor do seu coração, a favor dos seus sonhos, a favor da sua fé. A vida encontra um caminho de nos transformar... Em melhores. A vida encontra um caminho de nos unir. A vida sempre dá um jeito... E quando não há jeito... Deixe pra lá.

Me perguntam: não tem problemas? Por que tanta felicidade? Tenho problemas sim. Como todo mundo. O que, talvez, faça diferença é a maneira como resolvo encará-los. Vamos fazer o propósito de enfrentá-los com alegria, com entusiasmo, sabendo que Deus nos dá a graça para superar cada parapeito que aparece em nossa vida. Vamos fazer o propósito de não sermos lamurientos diante das dificuldades, de não nos prostrarmos diante delas, pois o que não falta neste mundo são pessoas lamurientas e queixumentas. Não façamos parte dessas pessoas! Tenhamos mais fé, mais confiança em Deus, ecoloquemos, ao mesmo tempo, todas as nossas forças para saltar todos os obstáculos que aparecerem na nossa vida!!! Tenho a vida... Já me basta pra ser feliz!

Na vida, não vale tanto o que temos, nem tanto importa o que somos. Vale o que realizamos com aquilo que possuímos e, acima de tudo, importa o que fazemos de nós. Está à tua disposição a potência, o poder de bem realizar, de vencer adversidades, reduzir atritos, convencer nos negócios honestos, melhorar de emprego, ampliar amizades, obter a paz no lar e tudo mais.

Quanto mais te convences de que podes ser feliz, de que tens em ti os atributos da paz, ação, resistência e amor, mais as facilidades chegam a ti. Noentanto, se preferes viver em lamentações, na recusa à prática do bem ou no cultivo de vícios, ergues, desnecessariamente, barreiras a ti mesmo. Crê em timesmo, age e verá os resultados. Quando te esforças, a vida também se esforça para te ajudar.

HOJE É TEMPO DE SER FELIZ!

A vida é fruto da decisão de cada momento. Talvez, seja por isso que a ideiade plantio seja tão reveladora sobre a arte de viver.

Viver é plantar. É atitude de constante semeadura, de deixar cair na terra denossa existência as mais diversas formas de sementes.

Cada escolha, por menor que seja, é uma forma de semente que lançamos sobre o canteiro que somos. Um dia, tudo o que agora silenciosamente plantamos, ou deixamos plantar em nós, será plantação que poderá ser vistade longe...

Para cada dia, o seu empenho. A sabedoria bíblica nos confirma isso, quandonos diz que "debaixo do céu há um tempo para cada coisa!"

Hoje, neste tempo que é seu, o futuro está sendo plantado. As escolhas que você procura, os amigos que você cultiva, as leituras que você faz, os valoresque você abraça, os amores que você ama, tudo será determinante para a colheita futura.

Felicidade, talvez, seja isso: alegria de recolher da terra que somos, frutos que sejam agradáveis aos olhos!

Infelicidade, talvez, seja o contrário.

O que não podemos perder de vista é que a vida não é real fora do cultivo. Sempre é tempo de lançar sementes... Sempre é tempo de recolher frutos. Tudo ao mesmo tempo. Sementes de ontem, frutos de hoje, Sementes de hoje,frutos de amanhã!

Por isso, não perca de vista o que você anda escolhendo para deixar cair nasua terra. Cuidado com os semeadores que não te amam. Eles têm o poderde estragar o resultado de muitas coisas.

Cuidado com os semeadores que você não conhece. Há muita maldade escondida em sorrisos sedutores...

Cuidado com aqueles que deixam cair qualquer coisa sobre você, afinal, você merece muito mais que qualquer coisa.

Cuidado com os amores passageiros... eles costumam deixar marcas dolorosas que não passam...

Cuidado com os invasores do seu corpo... eles não costumam voltar para ajudar a consertar a desordem...

Cuidado com os olhares de quem não sabe te amar... eles costumam te fazer esquecer que você vale a pena...

Cuidado com as palavras mentirosas que esparramam por aí... elas costumam estragar o nosso referencial da verdade...

Cuidado com as vozes que insistem em lhe recordar os seus defeitos... elas costumam prejudicar a sua visão sobre si mesmo.

Não tenha medo de se olhar no espelho. É nessa cara safada que você tem que Deus resolveu expressar mais uma vez, o amor que Ele tem pelo mundo.

Não desanime de você, ainda que a colheita de hoje não seja muito feliz.

Não coloque um ponto-final nas suas esperanças. Ainda há muito o que fazer, ainda há muito o que plantar e o que amar nesta vida.

Ao invés de ficar parado no que você fez de errado, olhe para frente e veja o que ainda pode ser feito...

A vida ainda não terminou. E já dizia o poeta que "os sonhos não envelhecem..."

Vai em frente. Sorriso no rosto e firmeza nas decisões.

Deus resolveu reformar o mundo e escolheu o seu coração para iniciar a reforma.

Isso prova que Ele ainda acredita em você. E se Ele ainda acredita, quem sou eu para duvidar...

Todos os benefícios têm seu preço.

Alguém está desfrutando dos privilégios, oportunidades e honrarias que você almeja? Se os benefícios que a outra pessoa conseguiu são realmente valiosos, alegre-se por ela desfrutar deles. É a vez dela. Se, pelo contrário, osbenefícios acabarem não se mostrando vantajosos, não se perturbe por não terem vindo para você.

Lembre-se: você nunca receberá as mesmas recompensas que os outros recebem sem empregar os mesmos métodos que eles e fazer o mesmo investimento de tempo que fizeram. É insensato pensar que podemos receber recompensas, sem estarmos dispostos a pagar o verdadeiro preço por elas.

Aqueles que "ganharam" alguma coisa não têm de fato nenhuma vantagemsobre você, porque tiveram que pagar um preço pela recompensa.

Cabe sempre a nós escolher se queremos ou não pagar o preço pelas recompensas da vida. E, muitas vezes, é melhor para nós não pagar esse preço, pois ele pode ser o da nossa integridade. Poderíamos ser obrigados a elogiar alguém que não respeitamos.

Como você é incentivado diariamente a ser burro e superficial? Leiam!

Talvez, algo que choque alguns e não seja surpresa para outros é que: vocêé incentivado a ser burro.

Sim, esse título não é algo chamativo, nem nada do tipo, mas, sim, para dizer que a realidade é: gente burra, apesar de ter muitos contras, é lucro em algunssetores, principalmente quando se trata de política x comunicação.

Redes sociais, o mercado de entretenimento, política etc.

Todos se aproveitam de algo bem interessante: o instinto humano, mas comoisso acontece?

Bom, é importante que você saiba que: algoritmos, por exemplo, que hoje são os principais agentes responsáveis pela disseminação de conteúdo da internet,são, em grande parte, baseados em comportamento humano/instinto.

Isso significa que: bundas, memes, humor, danças etc. Não viralizam por acaso e, sim, pois, os algoritmos entendem que nós instintivamente gostamosdisso, com base nisso, se aproveitam.

Por conta disso, podemos, então, entender o motivo de vermos tanta superficialidade, visto que:

Criadores de conteúdo são influenciados a postar superficialidade, visto que isso atrai mais e dá mais engajamento.

Superficialidades são mais entregues, visto que as pessoas gostam mais

Resultado disso: sem você saber, você está sendo incentivado a cada vezmais consumir meias palavras.

Aliás, talvez, seja por isso que hoje é tão fácil mentir na internet... Quem sabe?

Portanto, a grande "sacada" não está em excluir as redes sociais, isso não éinteligente.

A grande sacada está em Saber usar as redes, regular o seu consumo (todas as redes são baseadas em algoritmos parecidos).

E se você é alguém que busca entender isso e USAR isso, seja para melhorarprofissionalmente, nos estudos, no crescimento pessoal, no seu aprendizado, na vida etc.

Faça o contrário do que lhe é proposto. Você deve escolher o que deseja. E não as redes escolherem por você.
Se destaque não sendo um "Alienado Digital".

Segundo o dicionário da língua portuguesa, coerência significa ligação, nexo ouharmonia entre dois fatos ou duas ideias; relação harmônica, conexão. Ou seja,ser coerente é pensar, falar e agir de maneira que suas ações sejam harmônicas, que suas ações reflitam verdadeiramente quem você é. Estou falando sobre comportamento! O seu comportamento, independentemente do ambiente onde está inserido, precisa ser coerente com seus princípios e valores. Em algumas conversas, na última semana, eu trouxe esse assunto que para mim demonstrar também uma maturidade pessoal e profissional. Ser coerente é um dos requisitos básicos para a credibilidade pessoal e, por isso, é importante investirmos tempo para nos desenvolvermos. Procure sempre oferecer a verdade às pessoas. E o que é essa verdade? Ela está relacionada à sua conduta na vida pessoal e profissional. Por exemplo, os meus estudos e atuação profissional são voltados para o desenvolvimento humano, cultura e a educação. Sendo assim, todo meu conhecimento adquirido e vivências moldaram quem eu sou hoje, os meus princípios e valores. Seria incoerente que no meu trabalho eu me propusesse a contribuir com a educação, cultura e desenvolvimento de outras pessoas, porém, na minha vida pessoal, eu fosse uma pessoa completamente diferente, indisciplinada, mal-educada, mal informada e desregrada, agindo totalmente ao oposto do que eu ofereço e falo para as pessoas. Que credibilidade haveria nisso? Que confiança as pessoas depositariam em mim e no meu trabalho? Existe uma complexidade quando falamos em coerência e ela está justamente no gerenciamento do nosso comportamento. Quem é incoerente, além de não cumprir o que planeja, desconhece o valor e o peso da sua palavra. Acredite, cada vez que sua palavra não é cumprida, as pessoas vão perdendo a fé em você e sua credibilidade vai para o espaço. Um exemplo claro da vida cotidiana, você estáensinando seu filho de que na mesa, durante as refeições, não podemos atender ao celular. De repente, no meio do jantar, seu telefone toca e você atende. Qual mensagem você acabou de passar para seu filho? Outro exemplo, na sua empresa um dos valores é "valorizamos as relações humanas", o diretor chega de mal humor e passa pelas pessoas sem sequer dar um bom-dia. Que mensagem ele acabou de transmitir? Quando tenho oportunidade, sempre alerto as pessoas sobre as redes sociais, pois elas esquecem que tudo que é registrado no mundo virtual ficará ali para sempre.

Lembre-se que o que você posta pode ser retirado de contexto, uma frase escrita ou gravada pode ser suficiente para acabar com tudo que você construiu, com a sua credibilidade, pois você nem sempre terá oportunidade deexplicar o que quis dizer e nem sempre as pessoas vão querer ouvir o que você tem a dizer. Portanto o recado é pense bem antes de postar ou dizer algona rede social, seja coerente com seus princípios e valores. Entendeu a importância da coerência? Ela é um dos exercícios mais importantes e complexos que devemos fazer na vida, pois ela é responsável pela sua marcapessoal. Não é fácil alinhar valores, princípios e condutas. É preciso querer se aperfeiçoar constantemente, sair do piloto automático, mudar hábitos ruins e melhorar a comunicação, para que os seus pensamentos, falas e ações sejam coerentes. Se olharmos para o nosso cenário político e econômico atual, perceberemos que a falta de coerência é o principal ou um dos mais relevantes motivos para a crise que vivemos atualmente. Olhe à sua volta, o que você vê? Analise as redes sociais. Quantas vezes eu não ouvi meus pais dizerem que "antigamente as pessoas tinham palavra" e "o nosso contrato era a nossa palavra". O que isso quer dizer? Para mim, diz respeito a uma crise sem precedentes de valores e princípios de vida, vivemos uma crise moral e ética, algo aconteceu no caminho que não deu muito certo. Mas a boa notícia é que você e eu podemos fazer diferente, podemos ter uma vida coerente e com credibilidade. Para se desenvolver pessoal e profissionalmente, é necessário amadurecer e entender que, sim, não existe separação entre quem você é na vida pessoal e quem você é na vida profissional. Cuidado para não ser considerado uma fraude!

REGUE-SE... CUIDE-SE... FLORESÇA...

A vida é um ciclo que renasce! Viva de gratidão e ame cada face, viver é harmonia, espalhando alegria de geração a geração! A vida é um laço, viva a cada traço, mas nunca perca a direção, se ame e seja amor, se apaixone, por favor, mostre que tem valor, floresça a cada dia que amanheça. Viva como ninguém, não seja refém dessa maldita ilusão, mas não desista, supere até mesmo a superação, a vida é enfrentar desafios, enfrente com um sorriso estampado no rosto, viver é encarar barreiras todo os dias, com suor escorrendo pelo corpo! Pra ser algo na vida, tem que vencer seu próprio medo, lutar sempre, se cair, levante, siga em frente, seja gente, mais jamais plante na sua mente, o que te faça desistir de tudo, mesmo que o mundo, fique mudo e você não poder ouvir, grite, seja forte, se a vida te cegar, jamais pare, e não desista não, se não puder enxergar com os olhos, sinta com coração! A vida é longa pra quem sabe viver, mais também é curta pra quem não sabe valorizar, acaba rapido pra quem perde tempo com tempo, e é infinita pra quem não desiste de sonhar, nada é feito por acaso, pra cada história uma lição, existem pessoas com cicatrizes no corpo e outras no coração, quem julga será julgado, há escolhas pra quem quer viver, a vida com decepção, quem vive de maldade todos os dias, deve pedir perdão, perdoe quem te fez mal, viva de gratidão, espalhe amor ao próximo e reparta o pão com irmão, outros vão querer teu mal, te humilhar até cair no chão, nãochore, se caiu levante e siga em frente, a vida quer o bem e o mal dagente, a vida é uma peça de teatro, onde o mundo é a plateia, se você fosse julgado por fazer o seu papel, não fazeria ideia de como a vida te dá elogios, mas, também chama atenção não importa o que o povo fala, se você é bonito ou feio, a vida não liga não, uns vão te aplaudir de pé, por ser o que és e chorar de emoção, há tantas diferenças em viver, viva a vida com razão, onde existe o bem plantado a maldade não invade coração, a vida tem qualidades, mas também tem seus defeitos, é cada anjinho lindo na aparência, com amargura dentro do peito, vida boa é aquela valorizada, mostrando sempre a direção certa pra se viver! Viva sempre assim, isso só depende de você, viva a cada geração, viva a cada sofrimento, viva sempre de risos, também viva de lamentos! Seja forte como for, mais nunca julgue ninguém, você não está preparado para as surpresas que a vida tem, uma coisa eu vou dizer, aceite a vida e seja você, porque a vida precisa da vida para sobreviver!

Tem gente que carrega nos olhos o brilho das estrelas.

No rosto um imenso sorriso.

Na alma, a luz do sol e um coração repleto de bondade...

A essas pessoas eu chamo de autênticas.

Quando nos falam, nos sentimos abraçados por elas, porque tecem palavras de conforto.

Por onde passam, espalham luz e trazem consigo o rótulo da sinceridade.

Ao lado delas, somos importantes.

Elas nos fazem sentir gigantes. São feitas da essência de Deus.

Pessoas de personalidade, porque, na verdade, só tem um "jeito de ser".

São tão especiais que, quando estão longe, a gente quer perto, quando estão perto, a gente as quer pra sempre.

Cada vez mais raras! Gosto de gente assim...

Quero tudo novo de novo. Quero não sentir medo. Quero me entregar mais, me jogar mais, amar mais.

Viajar até cansar. Quero sair pelo mundo. Quero fins de semana de praia. Aproveitar os amigos e abraçá-los mais. Quero ver mais filmes e comer mais pipoca, ler mais. Sair mais. Quero um trabalho novo. Quero não me atrasar tanto, nem me preocupar tanto. Quero morar sozinha, quero ter momentos de paz. Quero dançar mais. Comer mais brigadeiro de panela, acordar mais cedo e economizar mais. Sorrir mais, chorar menos e ajudar mais. Pensar mais e pensar menos. Andar mais de bicicleta. Ir mais vezes ao parque. Quero ser feliz, quero sossego, quero outra tatuagem. Quero me olhar mais. Cortar mais os cabelos. Tomar mais sol e mais banho de chuva. Preciso me concentrar mais, delirar mais.

Não quero esperar mais, quero fazer mais, suar mais, cantar mais e mais. Quero conhecer mais pessoas. Quero olhar para frente e só o necessário para trás. Quero olhar nos olhos do que fez sofrer e sorrir e abraçar, sem mágoa.

Quero pedir menos desculpas, sentir menos culpa. Quero mais chão, pouco vão e mais bolinhas de sabão. Quero aceitar menos, indagar mais, ousar mais. Experimentar mais. Quero menos "mas". Quero não sentir tanta saudade.

Quero mais e tudo o mais.

"E o resto que venha se vier, ou tiver que vir, ou não venha".

Quem exatamente você quer ser? Que tipo de pessoa você deseja ser? Quais são seus ideais pessoais? Quem você admira? Quais são as características especiais dessas pessoas que você gostaria de ter?

Está na hora de parar de ser vago e impreciso. Se você deseja ser uma pessoaextraordinária, se deseja a sabedoria, então, deve identificar precisamente o tipo de pessoa que você aspira a ser. Se você tem um diário, anote o que está tentando ser, de modo que possa consultar essa autodefinição. Descreva exatamente a conduta que quer adotar para que possa mantê-la, não só quando se encontrar sozinho, como quando estiver na companhia de outras pessoas.

Espero o comentário de vocês... O que deseja? O que pretende mudar? Suamaior dificuldade? Sua maior qualidade? Sua frase da vida?

Segundo estudiosos, existem três objetivos distintos para compreender a importância do hábito de ler:

Ler por prazer;

Ler para estudar;

Ler para se informar.

Através da leitura realizada com prazer, é possível desenvolver a imaginação, embrenhando no mundo da imaginação, desenvolvendo a escuta lenta, enriquecendo o vocabulário, envolvendo linguagens diferenciadas etc.

A leitura proporciona um aumento da capacidade de escrita, de argumentação, além de trazer um enriquecimento relevante no vocabulário do leitor, em sua forma de se expressar.

Existem várias espécies literárias para serem exploradas, como romances, históricos, atualidades, autoajuda, literatura nacional e internacional, ficção, suspense, dentre vários outros. Além desses, jornais e revistas de circulação nacional também são importantes, pois abrem o conhecimento para os fatos daatualidade, tanto no âmbito nacional, como internacional.

Procure estabelecer um horário de leitura, todos os dias, descubra qual o melhor para você se dedicar a essa atividade e siga com determinação. Algumas pessoas preferem ler pela manhã, outras no final da tarde, mas uma boa opção é tirar uma hora antes de dormir para isso. Além de relaxar, aos poucos, o sono vai chegando, o que lhe proporcionará uma boa noite de sono.

Quem está acostumado a ler tem a oportunidade de melhorar o vocabulário, agramática, a estrutura que forma uma frase, além de aprender diferentes formas de comunicar ideias.

Quando você passa a ler mais, seu cérebro começa a fazer boas escolhas de palavras de forma natural. Além disso, melhora a sua capacidade de compreensão durante a leitura e o seu nível de concentração.

Em outras palavras, ler tem inúmeras vantagens para o seu desenvolvimento,especialmente se você deseja se comunicar melhor.

Se Não Houver Amanhã

Sabe, eu que costumava deixar muitas coisas para amanhã, resolvi lhe dizer, hoje, o quanto você é importante para mim, porque, quando acordei pela manhã, uma pergunta ressoava na acústica de minha alma: "e se não houver amanhã?".

Então, hoje eu quero me deter um pouco mais ao seu lado, ouvir suas ideias com mais atenção, observar seus gestos mais singelos, decorar o tom da suavoz, seu jeito de andar, de correr, de abraçar.

Porque... se não houver amanhã... eu quero saber qual é sua comida preferida, a música que você mais gosta, a sua cor predileta...

Hoje, eu vou observar seu olhar, descobrir seus desejos, seus anseios, seussonhos mais secretos e tentar realizá-los.

Porque, se não houver amanhã... eu quero ter gravado em minha retina o seu sorriso, seu jeito de ser, suas manias...

Hoje, eu quero fazer uma prece ao seu lado, descobrir com você essa magia que lhe traz tanta serenidade, quero subir aos céus com você, pelos fios invisíveis da oração.

Hoje, eu vou me sentar com você na relva macia, ouvir a melodia dos pássaros e sentir a brisa acariciando meu rosto, colado ao seu, em silêncio... e sem pressa.

Hoje, eu vou lhe pedir por favor, agradecer, me desculpar, pedir perdão, se fornecessário.

Sabe, eu sempre deixei todas essas coisas para amanhã, mas o amanhã é apenas uma promessa... o hoje é o presente.

Assim, se não houver amanhã, eu quero descobrir hoje qual é a flor que você mais gosta e lhe ofertar um belo ramalhete.

Quero conhecer seus receios, lhe aconchegar em meus braços e lhe transmitirconfiança...

Hoje, quando você for se afastar de mim, vou segurar suas mãos e pedir paraque fique um pouco mais ao meu lado.

Sabe, eu sempre costumo deixar as palavras gentis para dizer amanhã, carinhos para fazer amanhã, muita atenção para prestar amanhã, mas oamanhã, talvez, não nos encontre juntos.

Eu sei que muitas pessoas sofrem quando um ser amado embarca no trem da vida e parte sem que tenham chance de dizer o que sentem e sei também queisso é motivo de muito remorso e sofrimento.

Por isso, eu não quero deixar nada para amanhã, pois se o amanhã chegar e não nos encontrar juntos, você saberá tudo o que sinto por você e saberei também o que você sente por mim.

Nada ficará pendente...

Quero registrar na minha alma cada gesto seu.

Quero gravar em meu ser, para sempre, o seu sorriso, pois, se a vida nos levar por caminhos diferentes, eu terei você comigo, mesmo estando temporariamente separados.

Sabe, eu não sei se o amanhã chegará para nós, mas sei que hoje, hoje, eu posso dizer a você o quanto você é importante para mim.

Seja você meu filho, minha filha, meu esposo ou esposa, um amigo, talvez, você vai saber hoje o quanto é importante para mim... porque, se não houver amanhã...

Por favor, não me julgue. Não tente me medir...
Minha medida é a da vida...

O que tenho por dentro não cabe em algo.
Nem tente rótulos, embalagens, pequenas caixas, nem se quer códigos de barras.

Eu não pertenço... Eu entrego.
Eu não me rendo... Eu fico.
Eu não desisto... Eu canso.

Não canso jamais da vida, me canso da falta dela.

Não quero a proteção artificial de caixotes hermeticamente fechados...
Quero me sentar na rede do orvalho da manhã.
Tomar café com palavras.
Sentir o gosto do saber e engolir cheia de sede.

Segurem seus medos, seus preconceitos, seus olhares restritos... Tirem seus conceitos do caminho, pois eu quero passar...

Me atiraram na selva, me despi das armaduras e estou pronta para lutar, com sorrisos e verdades.

No caminho, meus medos, sentimentos e razão.
Um diálogo eterno...

Enquanto isso, novas cenas surgem, o cenário muda.
E nós, atores e figurantes, nos apresentamos sem ensaio, para um público sem critério; nos atirando olhares, aplausos ou vaias.

Para mim, hoje basta a doce possibilidade de iniciar mais uma história. Me entregar ao personagem, subir ao palco e deixar a Vida Entrar.

Falamos tanto das pessoas que ferem que esquecemos das pessoas que curam. Existem pessoas que são um verdadeiro sol nos dias nublados das nossas vidas.

Pessoas que nos estendem a mão, que nos encorajam, nos trazem à memória o que temos de bom e organizam nossos sentimentos. São verdadeiras bússolas divinas que nos norteiam quando estamos desorientados.

Assim como há pessoas tóxicas, há pessoas medicinais que quando chegam perto da gente curam a nossa alma. O que torna uma pessoa assim não é a ausência de defeitos, é a delicadeza nos gestos.

É um dom que vai muito além do pensamento positivo. E o comportamento que se manifesta nas situações mais corriqueiras, quando não tem ninguém olhando. É uma gentileza desobrigada.

É possível detectar essa fragrância nas pessoas que não usam um tom superior de voz. Nas pessoas que escutam e, quando falam, evitam assuntos constrangedores.

A saída é desenvolver em si mesmo essa arte difícil de ser ensinada — pois não se encontra nos livros — e que, talvez por isso, esteja cada vez mais rara.

Perto delas, a gente se abre sem reservas, mesmo sem entender o porquê. Ao lado delas, nossa dúvida encontra alívio e nosso medo encontra abrigo. Perto delas, nosso riso é mais solto e o choro não tem receio de brotar. Perto delas, somos mais autênticos e a vida ganha mais coerência e lucidez.

Essas pessoas nos transmitem paz sem que nenhuma palavra seja dita. Silenciam nossa alma com cuidado e plantam sementes de otimismo em nosso coração. Gente que abraça a gente só com sua presença, amansando nosso desconforto.

Vamos observar mais a nossa volta as pessoas que curam, o mundo está cheio delas, aproxime-se, atraia-as, sejamos uma delas.

Eu adoro perturbar as pessoas, porque somente perturbando-as que eu consigo fazê-las pensar.

Elas pararam de pensar por séculos. Não havia ninguém aí para perturbá-las, as pessoas as têm consolado. Eu não vou consolar ninguém, porque quanto mais você as consola, pior elas ficam. Perturbe-as, choque-as, acerte-as com força, dê-lhes um desafio. Esse desafio irá elevar suas capacidades ao máximo. O que quer que eu tenha a dizer, eu digo, porque eu não tenho nenhuma obrigação com ninguém e eu não tenho nenhum compromisso com ninguém. Eu não pertenço a nenhum partido, eu sou absolutamente livre para ser engraçado, para chocar as pessoas. Eu nem sequer me preocupo em me contradizer, porque, para mim, um homem que permanece consistente por toda sua vida deve ser um idiota. Uma pessoa em crescimento precisa contradizer-se muitas vezes, por que quem sabe o que o amanhã vai nos trazer? Amanhã, pode cancelar esse dia completamente, e eu estou pronto para ir junto com a vida sem nenhuma hesitação.

Pergunta: "Você gostava dessas contradições, quando você era um orador, muitos anos atrás?"

Eu sempre gostei das contradições, porque para mim as contradições têm algo de tremendo valor.

Elas parecem contradições ao intelecto, mas, quanto mais fundo você vai nelas, você irá descobrir que elas são compensatórias, elas não são contradições.

Elas, de alguma forma, dependem umas das outras: se uma desaparece, a outra não vai estar lá. A vida existe de tal forma que faz com que as contradições sejam complementares. Eu sempre gostei delas.

Como a sociedade está regredindo cada dia mais? Leiam...

A era da burrice

Você já teve a impressão de que as pessoas estão ficando mais burras?

Talvez, não seja só impressão. Estudos indicam que a inteligência humana começou a cair.

"Discussões inúteis, intermináveis, agressivas."

Gente defendendo as maiores asneiras e se orgulhando disso. Pessoas perseguindo e ameaçando as outras.

Um tsunami infinito de informações "falsas".

Bom, essa é a sociedade atual, e acredite, isso não é por acaso.

De fato, estamos na era mais tecnológica da atualidade, porém isso não significa nada quando não sabemos usar isso da melhor maneira possível.

Isso não significa nada quando a sociedade está cada vez mais agindo por impulso.

Um estudo realizado, em 2018, pelo Ibope, com 2 mil pessoas, revelou que 29% da população adulta brasileira é analfabeta funcional, ou seja, não consegue ler sequer um cartaz ou um bilhete direito.

Quando pregamos aqui que o problema não é política, não é fulano, não é ciclano e, sim, NÓS MESMOS.

É isso que queremos dizer. Queremos dizer que: enquanto não colocarmos as coisas que realmente importam em primeiro lugar, construiremos um futuro cada vez pior. Afinal, a inteligência de alguém influencia completamente o futuro de uma pessoa.

Se você não tem a capacidade de raciocinar bem, se não tem a capacidade depensar, de utilizar seu conhecimento, de gerir suas emoções... a probabilidade de você construir uma vida infeliz e estressante é altíssima.

A sua inteligência reflete nos seus resultados, na vida acadêmica, na vidaprofissional e na sua sanidade mental.

A sua inteligência é o que te diferencia de animais.

Por isso, lembre-se: não se prenda ao que "cagam" na sua cabeça.
Sempre busque mais, sempre busque entender, compreender e aplicar.

É isso que está no seu controle, e é só você que é o salvador da sua Pátria.
E para aqueles que buscam mais, lembre-se que aqui vamos pensar e crescer juntos.

Qual é a importância da Cultura e por que a nossa está em decadência?

Acredite ou não, a cultura impacta a sua vida mais do que você imagina, principalmente no âmbito financeiro e intelectual.

Há quem diga que: o Brasil está decaindo por conta dos políticos, por conta da mídia, por conta da educação etc.

Mas a realidade é que é algo muito mais profundo.

E quando se trata de "Profundidade", temos que ir para o primórdio de uma civilização/organização forte que é: A Cultura.

A cultura é muito mais do que ritos ou valores de determinado grupo, a cultura é a personalidade de um grupo.

Cultura também se trata de: hábitos, crenças, leis, conhecimentos, artes, moral, costumes etc... de um grupo.

Em outras palavras, a Cultura é uma herança social de uma comunidade que se transmite a seus descendentes e a toda a humanidade.

E por conta disso, podemos começar a entender um pouco mais a nossa própria situação.

Somos o que somos não por coisas exteriores, e sim por conta de coisas "interiores".

Dois povos que podemos usar como exemplo que são completamente diferentes, porém, ambos têm algo em comum: Judeus e Árabes.

E o que seria esse algo em comum? Em sua cultura, ambos valorizam a Sabedoria e a Educação.

Os Judeus, com pedaços de terras no meio do deserto, ainda, sim, se tornaram hoje uma das maiores potências Nucleares e Econômicas do mundo.

Os Árabes também.

E nós, por outro lado, temos: riquezas naturais, extensão geográfica, diversidade etc.

Porém, por outro lado: temos uma cultura completamente voltada a "Diversão e entretenimento".

Se fossemos colocar uma lista de coisas mais importantes para o povo brasileiro, provavelmente, ano após ano, as palavras:

"Sabedoria, intelecto, inteligência e conhecimento" estariam em posições cada vez piores.

Portanto entenda que: os reflexos políticos, econômicos e intelectuais sãoapenas a ponta de um iceberg de algo muito mais profundo...

Querendo ou não, iremos todos envelhecer. As pernas irão pesar, a coluna doer, o colesterol aumentar. A imagem no espelho irá se alterar gradativamentee perderemos estatura, lábios e cabelos. A boa notícia é que a alma pode permanecer com o humor dos 10, o viço dos 20 e o erotismo dos 30 anos.

Erótica é a alma que se diverte, que se perdoa, que ri de si mesma e faz as pazes com sua história. Que usa a espontaneidade pra ser sensual, que se despe de preconceitos, intolerâncias, desafetos. Erótica é a alma que aceita a passagem do tempo com leveza e conserva o bom humor, apesar dos vincos em torno dos olhos e o código de barras acima dos lábios; erótica é a alma que não esconde seus defeitos, que não se culpa pela passagem do tempo. Erótica é a alma que aceita suas dores, atravessa seu deserto e ama sem pudores...

Aceitar e se amar do jeitinho que você é...

Troque a roupa. Mude os sonhos. Acorde cedo. Compre caderno e canetas. Escreva. Desafogue as mágoas. Arrume as gavetas, mas não esqueça de organizar sua cabeça. Gaste tempo incomodando a tristeza. Faça silêncio e escute seu coração. Coma bolinhos de chuva, mesmo fazendo sol. Enxergue desenho nas nuvens. Colha flores para enfeitar a casa. Ouça música para manter a vida. Cante, certo, errado, mas cante a sua canção. Ela é sua expressão no mundo.

Aguarde a sua vez. Espere acontecer. Nada foi feito no primeiro minuto do dia.Sabote a tristeza. Um coração entristecido não movimenta o afeto.

Escute com o corpo e a alma. Essa é a melhor maneira de importar-se com ooutro. Fale devagar e mostre a intimidade do seu pensamento.

Seja inteiro e nesse vai-e-vem da vida espero que não te soneguem o desejo de derrubar os drinques e, com isso, que você tenha a oportunidade de limpar a merda que fez, porque não há outra opção a não ser tentar, refazer, arrumar,insistir, prosseguir na segunda dose, segundo porre, terceira tentativa, décima escorrega dela.

O pior drama é ter feito o mínimo, errado pouco e vivido metades.

Por que devemos buscar ler mais?

Pesquisa mostra que três em cada dez brasileiros não sabem ler.

Os chamados analfabetos funcionais não aprenderam o suficiente para entender um texto ou fazer uma simples conta matemática no dia a dia.

Hoje, gostaria que você apenas lesse este texto até o fim...

Há muitos anos venho produzindo conteúdo no Instagram, e 90% dele é completamente: escrito.

E apesar de muitos brasileiros serem ignorantes (muitas vezes, por falta deoportunidade).

Temos um potencial absurdo, pois 82% da população brasileira tem acesso à internet, sendo que: 99 MILHÕES de brasileiros utilizam diariamente o Instagram.

E por que estou dizendo que tenho um potencial absurdo? Bom, se você estáaqui hoje, é porque você quer evoluir, você não está buscando besteiras ou algo do tipo, né?

E isso te torna um ponto fora da curva, aliás, não são todos que lêem e aprendem de fato!

E é você que primordialmente que colabora para uma sociedade menos ignorante.

E o que mais quero é de fato poder contribuir com você, que você um dia seja mais um nesse trabalho árduo e vagaroso para continuar conosco.

Isso já vale a pena, pois, felizmente, não sou só eu hoje nessa caminhada, existem pessoas trabalhando por detrás, parceiros, educadores, escritores... seres pensantes.

E a sua leitura, o seu tempo investindo lendo algo útil aqui, pode te tornaralguém melhor e pode ser compartilhada.

E o ato de você compartilhar isso com alguém incentiva as pessoas a lerem.

Talvez, você não saiba, mas a leitura te ajuda a melhorar a memória, a aprender de forma mais eficaz, faz você raciocinar melhor, melhora a sua criatividade etc. Ler faz MUITO BEM! E é um grande prazer poder te ajudar a desenvolver uma melhor forma de analisar o mundo, de pensar e de viver, literalmente!

Pois sabemos que de uma forma ou de outra isso resultará em algo relevante na sua vida!

Por que temos uma cultura tão pobre intelectualmente e financeiramente?

Cerveja, futebol, carnaval, fanatismo, ignorância, saúde, estudo, tecnologia,ciência, cidadania, consciência...

Bom, primeiramente podemos dizer que a culpa não é bem da população nesse aspecto... Mas, sim, dos "Detentores do conhecimento". A famosa torre de Marfim.

Se você for ver as instituições acadêmicas sérias, verá que elas vivem em uma torre de Marfim.

Você acha mesmo que a dona Maria, que mora na periferia, 56 anos, cheio dedívida para pagar, iria se interessar por "conhecimento"?

É claro que não, pois, na visão dela, tem outras prioridades. Mas não sabe que por ela não saber de muitas coisas QUE A EDUCAÇÃO provém, a vida dela continua péssima.

Estresse, cansaço emocional, péssima gestão financeira, sem especialidadeetc., tudo isso há conhecimento acadêmico que resolva.

E por essas instituições não conseguirem mostrar os benefícios para a grandemassa, permanecemos na cultura da festa, prezando pelo fim de semana e buscando se livrar do saco que é viver neste país.

Pensem, onde já um brasileiro médio, que vive lascado, iria querer gastar o pouco que tem aprendendo umas coisas que ele nem sabe como o beneficiaria.

Por isso, que picaretas ganham espaço, pois quem tem conhecimento REAL que pode transformar a sociedade NÃO tem coragem de sair da "torre" e ir falarcom a galera.

E não há um sistema complementar ao tradicional que tenha o papel de capacitar as pessoas sobre habilidades tãoessenciais no mundo moderno, como: Inteligência emocional,

Aprendizagem, tecnologias etc.

E sabemos que o governo jamais fará isso por nós e sabemos que, se ninguém fizer nada, dificilmente mudaremos.

Por isso, nós pensadores e colaboradores para educação e cultura, juntamente com alguns dos maiores produtores de conteúdo relacionado à educação do Brasil e a diversos professores, escritores, estamos buscando romper essa Torre de Marfim.

Mas ainda há muito trabalho pela frente, e por isso esperamos que isso possaimpactar de alguma forma a educação brasileira.

Precisamos de vocês. Venham nos ajudar a divulgar, a compartilhar, a somar na luta árdua e pequenina que é o trabalho da consciência e da inteligência.

"Com qual linha bordamos o amor? Com a do cuidado."

Eu acredito em amores eternos, daqueles que acompanham a gente pela vida inteira, como se tempo e amor se fundissem num só elemento, tornando-se imutáveis, indestrutíveis.

Eu acredito em amores eternos, daqueles que vão com você para qualquer lugar, não importando o quão distante você esteja, porque a pessoa amada reside em seu próprio coração.

Acredito em amores eternos e sublimes, capazes de reconsiderar tudo, com suavidade, ternura e perdão. Acredito, sim, em amores para toda a vida e além da vida, pois seria um tipo de amor unido à própria alma, e sem alma a vida não tem razão... tem consciência de si mesma sempre. É um estilo de vida. Ela não precisa sorrir de maneira forçada, mas pode estar bem e leve, não pelos outros, mas por ela mesma. Não apenas em lugares públicos, mas quando está sozinha, em casa. Estar consciente do olhar tranquilo é uma forma de vida que deve se tornar um hábito, porque relaxa e traz uma elegância natural à mulher. Não existe mulher mais saudável do que aquela que se conhece. Não existe mulher mais feliz do que aquela que sabe se valorizar.

REGUE-SE... CUIDE-SE... FLORESÇA...

Eu gosto de pessoas... Daquelas que, só com um olhar, reconhecem se o momento pede um sorriso, um abraço ou uma força eque, mesmo quando tudo dá errado, acreditam que tudo vai dar certo.

É só uma questão de sorte. Ou de fé. Pessoas que, mesmo sabendo que você é péssima das pernas, te incentivam a fazer aula de dança pois sabem que a vida é uma enorme ciranda. Uma roda gigante. Que reconhecem os próprios defeitos, que pedem desculpas, que fazem tudo errado de novo, mas que se esforçam para não fazer tudo outra vez. Gosto das que se vestem delas mesmas, não se importando se o conjunto da obra é um verdadeiro desarranjo, e daquelas que ajudam os outros, doando o que existe de mais raro que há na vida: o tempo. Das que sabem rir dos próprios tropeços, que se perdoam e se permitem recomeçar. Quantas vezes for necessário. Gosto de quem assiste a filme infantil e se emociona como criança. De pessoas que se desdobram para estar ao nosso lado, na alegria e na dor, e que nos fazem olhar para dentro, para o próximo, para bem além dos nossos horizontes.

Gosto dessas pessoas, porque com elas eu aprendo a decifrar a intensidade do meu abraço.

Quando me amei de verdade, compreendi que, em qualquer circunstância, eu estava no lugar certo, na hora certa, no momento exato.

E então, pude relaxar.

Hoje, sei que isso tem nome... Autoestima.

Quando me amei de verdade, pude perceber que minha angústia, meu sofrimento emocional, não passa de um sinal de que estou indo contra as minhas verdades.

Hoje, sei que isso é... Autenticidade.

Quando me amei de verdade, parei de desejar que a minha vida fosse diferente e comecei a ver que tudo o que acontece contribui para o meu crescimento.

Hoje, chamo isso de... Amadurecimento.

Quando me amei de verdade, comecei a perceber como é ofensivo tentar forçar alguma situação ou alguém apenas para realizar aquilo que desejo, mesmo sabendo que não é o momento ou a pessoa não está preparada, inclusive eu mesma.

Hoje, sei que o nome disso é... Respeito.

Quando me amei de verdade, comecei a me livrar de tudo que não fosse saudável... Pessoas, tarefas, tudo e qualquer coisa que me pusesse para baixo. De início, minha razão chamou essa atitude de egoísmo.

Hoje, sei que se chama... Amor-próprio.

Quando me amei de verdade, deixei de temer o meu tempo livre e desisti defazer grandes planos, abandonei os projetos megalômanos de futuro.

Hoje, faço o que acho certo, o que gosto, quando quero e no meu próprio ritmo. Hoje, sei que isso é... Simplicidade.

Quando me amei de verdade, desisti de querer sempre ter razão e, com isso, errei muitas menos vezes.

Hoje, descobri a... Humildade.

Quando me amei de verdade, desisti de ficar revivendo o passado e de preocupar com o futuro. Agora, me mantenho no presente, que é onde a vida acontece.

Hoje, vivo um dia de cada vez. Isso é... Plenitude.

Quando me amei de verdade, percebi que minha mente pode me atormentar eme decepcionar. Mas quando a coloco a serviço do meu coração, ela se tornauma grande e valiosa aliada.

Tudo isso é... Saber viver!

Brasil fica em 2° em ranking de ignorância sobre a realidade.

Saber por que isso acontece? Bom... Leia esse texto até o fim e entenderá.

Isso é um assunto que deveria ser mais comentado.

São dados que literalmente são assustadores, pois nos mostram que vivemos em uma sociedade, onde sua grande maioria é alienada!

É óbvio, talvez, isso não seja culpa necessariamente das pessoas, e sim da forma como aprendemos.

Da forma como a cultura de "Ser burro" é vista como algo legal na sociedade, acultura que ensina que ser alguém que alcança algo e que não se contenta com o que é "obrigado" é motivo de: "Cê ta viajando, retorne pro seu lugar".

E onde é o lugar do brasileiro nesse jogo? Onde é o lugar queinconscientemente estamos acostumados a viver?

Nós lhe respondemos: na ignorância, na pobreza e na burrice. E não, não somos nós que estamos supondo isso, são DADOS.

É a mais crua realidade que poucos tem coragem de mostrar e que muitosquerem evitar, pois a Ignorância aparenta ser melhor. A ignorância aparenta ser uma dádiva.

Lhe garanto que não é.

A ignorância só tráz malefícios e faz a gente achar que coisas básicas são motivo de alegria, são motivo de "Estar de boa", pois a ignorância te faz permanecer no seu estágio mais primitivo: o estágio instintivo.

O estágio que lhe mostra que só o básico está bom para suprir suas necessidades instintivas de sobrevivência, que lhe mostra que ser igualável a um animal é "Bonito".

E acredite... Não é.

Mas, então, como mudar? Bom... Podemos fazer uma série de postagens sobre "O que nos torna não alienados".

Faz sentido? Vamos juntos em busca do conhecimento?

Precisamos amadurecer a ideia de interagir, compartilhar conteúdos interessantes. A futilidade tomou conta das redes porque deixamos de valorizar o que de verdade importa.

"A inteligência é o único meio que possuímos para dominar os nossos instintos."

Por que as aparências são tão mentirosas e, ainda sim, importantes?

Sim, o ser humano julga o livro pela capa, e isso é algo instintivo.

E bom, você já sabe... Criamos impressões sobre as pessoas, suposições sobre eventos e tiramos conclusões sobre aparências.

Você concluí se alguém é bom ou ruim pelo o que ela aparenta mostrar, mas ofato é: você tirou uma conclusão com base em aparência.

Mas a realidade é: dificilmente tiramos conclusões com base em fatos, isso porque somos seres emocionais.

Ou seja, se algo mexer com seus sentimentos, você já criará uma imagem sobre esse algo.

Exemplo: se um famoso fez muita gente feliz e, um dia, se ele fizer mer**da nainternet, você verá que muitas pessoas irão defender ele, mesmo ele estando errado.

E isso acontece, pois, desde os nossosprimórdios, tínhamos que julgar e tirar conclusões com base no que a gente via e sentia.

Se algo aparentasse ser feio e fedido, por exemplo: você se afastaria, poderiaser perigoso para a sua vida, ué.

Se algo fosse belo e cheiroso, você se aproximaria, visto que pode lhe dar benefícios.

E poucas coisas mudaram quando se trata de instintos, só que hoje, conseguimos moldar uma aparência da forma que quisermos.

O ser humano é um ser inteligente, e ser inteligente é encontrar padrões, se você encontra padrões "Ruins" em alguma pessoa, querendo ou não, você irá julgarinstintivamente aquilo como ruim.

Não tente jogar contra a maré, as pessoas bem vestidas, as pessoas que falam bem, que cuidam de si, sempre terão mais chances de emprego, de serem mais remuneradas, mais ouvidas etc.

Aprenda usar isso ao seu favor, pois isso é ser inteligente.

E o mundo, bom... é dos mais inteligentes.

Ou, melhor, diz aí... você usa a aparência a seu favor?

Sentimentos se confundem nas mudanças dos acontecimentos, que como otempo não avisa a hora que vai mudar...

Tudo muda de repente, como uma corrente que se rompe, libertando o certo ouo errado...

O vento sopra forte, trazendo o temporal, que assusta, que destrói...

Mas logo passa e ressurge um lindo dia, onde o sol ilumina, aquece, onde seesquece o cinza triste e reacende o colorido que alegra os dias...

É a roda da vida, que não para, te abraça de esperança, te acalenta, te envolvede carinho, te aconchega no ninho...

Te traz a dor que toma conta do coração, sem qualquer preparação, sem terpreocupação, de trazer o sofrimento, que fere, machuca...

Mas a vida é como uma roda que gira, não para, transforma, modifica, constrói destrói, assim é a nossa vida aqui na Terra...

Precisamos conhecer a escuridão, para valorizarmos a luz, conhecermos a lutapara sabermos o que é a vitória, conhecemos a falsidade para sabermos a importância da sinceridade, conhecermos a guerra para sabermos o valor da paz...

Amar, não guardar mágoas, aceitar, mesmo quando faltar o entendimento, assim você não se envenenará, se sentirá mais sereno, em paz consigo mesmo, pois julgar é ruim para quem é julgado e para quem julga por julgar...

Faça a vida valer a pena de ser vivida, com sabedoria, e a felicidade de poder sonhar os sonhos mais sonhados, sem medos, sem amarras...

Que nunca me falte a vontade de viver... Sorrir e AMAR! Gratidão!

O tipo de gente que quero perto de mim...

    Quero perto de mim gente que ri alto sem olhar pros lados, porque não está preocupada com olhares que reprovam expressões expansivas de alegria.
    Quero perto de mim gente que chora quando o peito aperta e fala quão vulnerável se sente, porque entendeu que somos todos força e fragilidade.
    Na minha vida, dou passagem para os bons que se sabem imperfeitos. Quero estar com quem fala pra mim dos meus vacilos e pula de alegria com as minhas vitórias. Gente que não fala dos outros, porque está ocupada demais analisando a própria vida.
    Quero perto de mim gente que não se acostumou com a hipocrisia, portanto fala o que pensa, vive o que sente, tem amor no coração, mais dúvidas do que certezas e vive de acordo com os códigos do próprio coração, sem imitar ninguém, sem fazer joguinho e nem tipo. Gente de alma quente, que fala de amor e de dor...
    Gente que já transcendeu algumas picuinhas e que já entendeu que a vida passa rápido demais pra viver em caixa. Me interesso por gente que reza, gente que luta, gente que preza. Do meu lado só o que for de verdade. Mais amor do que maldade.

Nas Redes Sociais, o mundo é bem diferente, dá pra ter milhões de amigos e mesmo assim ser carente, tem *like*, a tal curtida, tem todo tipo de vida, para todo tipo de gente.

Tem gente que é tão feliz, que a vontade é de excluir, tem gente que você segue, mas nunca vai te seguir, tem gente que nem disfarça, diz que a vida só tem graça com mais gente pra assistir.

Por falar nisso, tem gente que esquece de comer, jogando, batendo papo, nem sente a fome bater, celular virou fogão, com o toque de um botão, o rango vem pra você.

Mudou até a rotina, de quem está se alimentando se a comida for chique, vai logo fotografando, porém repare, meu povo, quando é feijão com ovo, não vejo ninguém postando!

Esse mundo virtual tem feito o povo gastar, exibir roupa de marca, ir pra festa, viajar e, claro, o mais importante que é ter de instante a instante um retrato pra postar.

Tem gente que vai pro show, do artista preferido no final, volta pra casa, sem nada ter assistido, foi lá só pra filmar, mas, pra ver no celular, nem precisava ter ido!

Aqui, nas redes sociais, todo mundo é honesto, é contra a corrupção, participa de protesto, porém sem fazer *login*, não é tão bonito assim...

O real é indigesto.

Fura fila, não respeita quando o sinal tá fechado, tenta corromper um guarda, quando está sendo multado, depois, quando chega em casa, digitando mete brasa, criticando um deputado!

Na Internet, a tendência é ser juiz e condenar muitas vezes, sem saber nem o que diz, mas não é nenhum segredo, que quando se aponta um dedo, volta três pro seu nariz!

Conversar, por exemplo, conversar por uma tela é tão frio, tão incerto, prefiro pessoalmente, pra mim sempre foi o certo, soa meio destoante, pois junta quem está distante, mas afasta quem está perto.

E os grupos! Tem grupo de todo tipo, com todo tipo de conversa, com assuntos importantes, e outros, nem interessa, mas tem uma garantia, receber durante o dia uma bela poesia.

E se você receber esta singela poesia, escrita à mão, num pedaço de papel que tem um tom de humor, mas, no fundo, é um clamor lhe pedindo pra viver!

Viva a vida e o real, pois a curtida final ninguém consegue prever!

Todas as pessoas que passam pelas nossas vidas deixam as suas marcas num ir e vir infinito...

As que permanecem... é porque simplesmente doaram seus corações para entrar em sintonia com as nossas almas.

As que se vão... nos deixam um grande aprendizado...
Não importa que tipo de atitude tiveram, mas com elas aprendemos muito...

Com as vaidosas e orgulhosas, aprendemos que devemos ser humildes...
Com as carinhosas e atenciosas, aprendemos a ter gratidão...
Com as duras de coração, aprendemos a dar o perdão...

Com as pessoas que passam pelas nossas vidas, aprendemos também a Amar
e de várias formas...
com amizade, com dedicação, com carinho, com atenção,
com atração, com paixão ou com desejo...

Mas nunca ninguém nos ensinou e nunca aprenderemos
como reagir diante da "SAUDADE"
que algumas pessoas deixam em nós...

Amo a leveza de não viver agradando. Amo ser livre. Amo poder me "descompassar" e não me explicar. Detesto limites, cobranças e rédeas. Guardo em minhas nuvens particulares os que me enxergam do avesso, os que entendem o que eu não quis dizer, os que me poupam. Carrego no peito os simples, trago pra perto os sem papas na vida e que têm gargalhadas sinceras. Gosto de ter comigo os que calam meus rompantes me ouvindo somente, gosto dos que riem de minhas palavras nada açucaradas e dos que contam comigo. Poucos são os que enxergam minha essência virgem e nua, ecom esses, meus laços serão perpétuos.

A viagem é curta. Não se distraia. Não perca tempo.

Não carregue bagagens desnecessárias. Aprenda a viver com pouco. A ser autossuficiente.

Seja uma boa companhia pra você. Só então, escolha alguém pra viajar contigo.

Tenha um destino, mas se permita se perder de vez em quando. Mude de rotasempre que se sentir desconfortável.

Não tenha medo dos imprevistos. Confie em seus instintos. Aprecie as surpresas do caminho. Sinta novos aromas e sabores. Ouça novas músicas. Dance.

Acorde cedo pra ver o sol nascer. Silencie durante o pôr do sol. Esses são os momentos em que a natureza medita. Há muita energia positiva circulante.
Transmute.

Mantenha o olhar curioso de uma criança. Acredite que, a cada esquina, omundo pode te surpreender. Observe. Escute mais do que fale.

Converse com estranhos. Com todos que puder. Não tem problema se nãodominar o idioma. Deixe o coração falar. Olhe bem nos olhos deles. Veja a diversidade, mas, principalmente, a humanidade. Permita que eles te vejam. Sorria.

Aproveite também a viagem pra olhar pra dentro; pra se conhecer. Abra espaços pro descanso. Crie locais de afrouxamento para os teus apertos. Deixe fluir as emoções. Inspira. Respira. Solta. Deixa ir.

Lembre-se sempre: você está aqui só de passagem. Portanto capriche nosinstantes. Eles, sim, podem ser eternos.

Eu demorei muito para entender que ao me incomodar com algo ou alguém, eu trabalho para mudar a forma como me sinto, não mudar o outro. Não tem como mudar o outro. Quanto tempo a gente passa na vida acreditando que isso é possível?

Eu não posso querer que o outro seja do jeito que eu gostaria. Nem eu sou do jeito que eu gostaria. Tento trabalhar minha humildade em aceitar as coisas que não posso mudar e me esforçar ao máximo para mudar aquelas que posso.

Tem dia que estou ótima. Resiliente, motivada, positiva. Tem dia que estou do avesso. Impaciente, crítica, desesperançosa. Ufa! Não sou rótulo algum. Sou HUMANA. Ainda bem que tenho interferências, falhas, dificuldades. Assim como dons, facilidades e habilidades. Se não as tivesse, teria um sério problema de autocrítica e bom senso.

Seres humanos FALHAM. O que difere um bom indivíduo de um mau indivíduo é a incessante vontade de crescer. Evoluir requer cair pra aprender a levantar. Seja gentil com você mesmo no seu processo de evolução sempre que se lembrar da sua condição de ser um ser em construção. Mas não baixe sua guarda e nem seu senso de autorresponsabilidade. Colhemos sempre o que plantamos. Passe adiante para outros seres humanos!

Quando tudo passar, vamos nos amar, abraçar e beijar mais. Valorizaremos a importância de segurar nas mãos uns dos outros.

Vamos nos importar menos com as desavenças. Vamos valorizar mais cada inspiração. Vamos agradecer por cada dia em que pudermos acordar e sermos livres. Vamos nos conectar com a natureza, dentro e fora de nós. Vamos valorizar mais o tempo com aqueles que amamos. Quando tudo isso passar, seremos menos isolados e mais integrados. Vamos ter aprendido a cuidar de nós mesmos e uns dos outros.

Antes deste isolamento todo se fazer presente, eu — assim como muitos dos que, agora, me leem — vivia, de certa forma, numa espécie de piloto automático para muita coisa. Da casa pro trabalho, do trabalho pra casa e entre uma jornada e outra, um encontro com amigos, uma hora de ginástica, algumas tarefas domésticas e um pouco de filme na TV.

Bastaram dois, três dias no máximo, do confinamento, para que as fichas começassem a cair. Não! A vida não merece passar despercebida! Comecei a observar amigos, vizinhos, conhecidos, famosos, o mundo todo numa urgência quase irracional por estar mais presente, em si e com o outro. Era a vida de cada um dando o recado. Comigo não foi diferente.

Fui (e ainda estou) me refazendo e despertando para coisas que realmente importam: olhar mais para dentro de mim mesma, falar e ver (como isso é importante!) quem a gente ama de verdade, cuidar mais do jardim e olhar menos pra bagunça, perceber como o tempo lá fora passa devagar e a gente, no turbilhão daqui de dentro, quase nunca percebe. Nada será como antes, nem pra mim, nem pra você. Pode acreditar.

Passar ou, melhor, viver essa experiência de quase filme, deixar de caminhar na rua, de ir ao trabalho, se privar de ver os amigos e parentes, tudo isso nos fará melhores. Eu acredito nisso.

Acredito que o propósito seja nos fazer enxergar o que desejamos ser de verdade, lá no nosso íntimo. Abrir nossos olhos para que sejamos capazes de ressignificar momentos, pessoas, necessidades e, obviamente, a forma como vivemos e convivemos com nosso eu. Eu estou disposta a mudar. E você?

Chegou ao meio da vida e sentou-se para tomar um pouco de ar. Não sabia explicar. Não era cansaço, nem estava perdida. Notou-se inteira pela primeiravez em todos esses anos. Parou ali, entre os dois lados da estrada e ficou observando as margens da sua história, a estrada da vida ficando fininha, calando-se de tão longe que ia.

Estava em paz observando a menina que foi graciosa, cheia de vida. Estava olhando para si mesma e nem notou. Ali, naquele instante, estava recebendoum presente. Desembrulhava silenciosamente a sabedoria que tanto pediu para ter mais.

Quando a mulher chega à metade da estrada da vida, começa lentamente a ralentar o passo. Já notou como tem gente que adora conturbar a própria rotina, alimentar o próprio caos? Ela não.

Não mais.

Deixa que passem, deixa que corram, a vida é curta demais para acelerar qualquer coisa. Ela quer sentir tudo com as pontas dos dedos, ela quer notar oque não viu da primeira vez. Senhora do seu próprio tempo.

Percebeu, à metade da vida, que caminhou com elegância, que viveu com verdade, que guiou a própria sombra na estrada em direção ao amor. E como amou! Amor por si, pelos outros, amou em dobro, amou sozinha, amou amar. A mulher ao centro da vida traz a leveza que os anos teceram, pacientemente.

Escuta bem mais, coloca a doçura à frente das palavras, guarda as pessoascom preciosismo. Aquela mulher já perdeu pessoas demais.

Ao meio da estrada, ela já não dorme tanto, mas sonha bem mais. Sonha pelo simples exercício de sonhar. Sonha porque notou que é o sonho que tempera avida. Aprendeu a parar de ficar encarando as linhas do corpo. Seu espírito teso, seu riso aberto e sua fé gigante não têm rugas, nem celulite, sem encanação. Descobriu que o segredo é prestar atenção no melhor das coisas, nas qualidades das pessoas, nas belas costas que tem e deixá-las ao alcance da vista dos outros.

Sentada ali, ao centro da própria vida, decidiu seguir um pouco mais. Há maisestrada para caminhar, mais certezas para perder, mais paixão para trilhar.

Não há dádiva maior do que compreender-se, que encontrar conforto para morar em si mesmo, que perdoar-se de dentro pra fora. Ao centro da vida, ela descobriu que a gente não se acaba, a gente vai mesmo é se cabendo, a cada ano um pouco mais da vida (PRESENTE SEM PAR), passagem de sonho, cheia e repleta de alegrias e sem faltar e com certeza as grandes ou pequenas, mas sempre tristezas... Destas, somos todos agraciados, não há quem delas escape, não há como fugir; esse ruído nos segue sem que saibamos onde ou quando nos dará um abraço que preferimos nunca sentir... E como tudo nos serve de troféu... Abracei os meus e hoje os olho com uma lembrança de momentos que trazem consigo o crescimento e a destreza que a todos deve seguir (Experiências) e, assim, O CAMINHO DO HOJE SERÁ SEMPRE... O HOJE, costumo dizer...

E sigo, olhando de frente, observando os lados, vislumbrando, vez por outra, o que deixei ou o que ficar para trás... Sem remorsos ou assombros com a alma alva dos perdões e gratidão, que a mim dou, porque é preciso que nos perdoemos, pelas falhas, pelos nossos apelos errados que nos põem diante da incessante procura do acerto.

Na vida há tempos de esvaziar... Esvaziar a alma, esvaziar nossa história... De coisas e pessoas...

Como o mar que enche e esvazia...

Como a água da piscina que precisa ser trocada...

Nossa história precisa de mudanças e para mudar é preciso esvaziar...

Esvaziarmos de tudo que acumulamos durante uma vida, pois a alma se sente pesada e sedenta de novas histórias, já cansada de histórias antigas...

As mesmas dores, os mesmos complexos, os mesmos erros... Cansada deilusões cabe esvaziar...

Como um balão prestes a estourar cabe esvaziar...

Para encher novamente com mais beleza e leveza, ciente da quantidade de arque aguenta... Esvaziar, respirar, se olhar...

Se desfazer do que já não serve... Renascer se refazer...

E fluir pela vida em busca de novos sentidos e verdades... Chega o momento em que ou esvaziamos ou explodimos... Esvazie, então, enquanto é tempo e renasça...

Ainda é possível viver de outra forma...

Basta escutar seu coração, ele dirá o que já não serve e deixará sua alma levee feliz...

Liberte-se...

Amor não se implora, não se pede, não se espera... Amor se vive ou não.

Ciúmes é um sentimento inútil. Não torna ninguém fiel a você.

Animais são anjos disfarçados, mandados à terra por Deus para mostrar ao homem o que é fidelidade.

Crianças aprendem com aquilo que você faz, não com o que você diz.

As pessoas que falam dos outros pra você vão falar de você para os outros. Perdoar e esquecer nos torna mais jovens.

Água é um santo remédio.

Deus inventou o choro para o homem não explodir.

Ausência de regras é uma regra que depende do bom senso. Não existe comida ruim, existe comida mal temperada.

A criatividade caminha junto com a falta de grana. Ser autêntico é a melhor e única forma de agradar. Amigos de verdade nunca te abandonam.

O carinho é a melhor arma contra o ódio.

As diferenças tornam a vida mais bonita e colorida. Há poesia em toda a criação divina, Deus é o maior poeta de todos os Tempos. A música é a sobremesa da vida.

Acreditar não faz de ninguém um tolo

Tolo é quem mente.

Filhos são presentes raros.

De tudo, o que fica é o seu nome e as lembranças

Acerca de suas ações.

Obrigada, desculpa e por favor são palavras mágicas, chaves que abrem

Portas para uma vida melhor.

O amor... Ah, o amor...

O amor quebra barreiras, une facções, destrói preconceitos, cura doenças...

Não há vida decente sem amor!

E é certo, quem ama é muito amado.